Nous sommes tous dans le caniveau, mais
certains d'entre nous regardent les étoiles.

OSCAR WILDE

TREMBLEMENT DE MÈRE

Catalogage avant publication de Bibliothèque et Archives
nationales du Québec et Bibliothèque et Archives Canada
Lavoie, Diane, 1962-
    Tremblement de mère
    ISBN 978-2-89077-533-6
    1. Lavoie, Diane, 1962-   - Famille. 2. Mères
adoptives - Québec (Province) - Biographies. 3. Adoption
internationale - Haïti. 4. Adoption internationale - Canada.
5. Tremblement de terre d'Haïti, Haïti, 2010. I. Titre.
HV74.82.L38A3 2013   362.734092   C2013-941429-0

*Je ne mens jamais. Parce que tous les mots, ici,
sont vrais et que, parfois, ils forment des phrases
un peu dures, je me confesse: aucun nom n'est le bon.*

COUVERTURE
Conception graphique et illustration: Jasmin Simard

INTÉRIEUR
Mise en pages: Michel Fleury

Diane Lavoie

Tremblement de mère

Récit

Flammarion
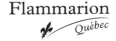
Québec

À ma fille

*Je t'ai écrit ce livre pour m'excuser.
Je porte la peine de ma mère, celle de sa mère
avant elle, celle de toutes les femmes avant,
avant, avant elles. Je suis une poupée russe
et j'ai peur de te remplir le ventre.*

*Je t'ai écrit ce livre pour que repoussent
tes racines. Je ne peux pas te rendre
tes trois premières années, je peux seulement
t'aider à recommencer ton histoire.*

*Excuses et racines. Accepte ce que je t'offre
avec humilité, inclinée bien bas devant
ta force et ton courage.*

Oui, non, oui, non, oui, non

Je ne sais pas pourquoi j'ai voulu adopter.

Je ne suis pas attirée par les enfants, l'idée même de tenir un bébé m'angoisse. Je ne comprends pas pourquoi on dit que les bébés sentent bon. Ils sentent la couche pleine et le lait sur. Quand ils sentent bon, c'est qu'on les a panés avec la poudre de bébé. Aucun intérêt à les voir se transformer en enfants et à assister à une succession des plus pitoyables erreurs et maladresses. Ils apprennent à parler pour dire des choses qui ne devraient pas être dites, comme «tu as un gros nez» ou «tu n'as pas assez de dents». Pas charmants non plus, les «mots d'enfant», ceux qu'ils disent par ignorance et qu'on prend avec beaucoup de conviction pour des perles : «Comment les mamans mangent les bébés pour les avoir dans leur ventre?» Ils sont égoïstes. Ils collationnent aux crottes de nez. Un enfant qui apprend à manger, c'est plusieurs années à regarder ailleurs, pour peu qu'on soit dédaigneux. Ces filets de nourriture mêlée de bave qui dégoulinent de leur bec d'oisillons voraces…, pas trop ragoûtants.

Et les petits doigts toujours sales, partout, généralement à la place qui tache ou sur l'objet qui se brise…

On dit qu'avoir un enfant, c'est s'assurer d'un amour inconditionnel. On dit que l'amour des enfants est pur et beau. Ben oui. Les enfants n'ont pas le choix d'aimer leurs parents, ils les aiment même s'ils les battent, même s'ils leur font subir les pires atrocités. Leur amour n'est pas une pure beauté, il est un besoin désespéré. Il n'y a aucun mérite à être aimé de votre enfant, il vous aimera même si vous êtes plus toxique qu'une soupe au pétrole. Avec moins d'un gramme de lucidité, vous devez convenir que l'attachement des enfants n'est pas une joie simple, c'est une responsabilité de cent fois leur poids. Qu'ils soient beaux ou laids, brillants ou crétins, présentables ou insupportables, leur amour est toujours là, vous obligeant, par décence, et jusqu'à la fin de vos jours, à un minimum d'humanité. Ils vous forcent à être meilleur.

Ils vous contractent une hypothèque de tracas pour la vie et n'ont aucune intention de vous aider à effectuer les paiements.

Puis, ils se transforment en ados, aussi ingrats que leur peau et que toutes les choses disgracieuses qui poussent sur eux dans le chaos. Ils volent sans connaître le vent, vous laissant au sol, inquiet des chutes. Et ils tombent. Et vous ne savez jamais en approchant si vous allez les soigner ou les humilier. Au moment où ils cessent d'être malpropres à table, c'est vous qui commencez à les dégoûter. Ils détestent vos habitudes, vos règles, la façon de vous vêtir, ce que vous écoutez, ce que vous mangez, ce que vous sentez. Ils vous rejettent tout entier et doivent le faire pour mieux s'accepter.

Finalement, ils deviennent des adultes et vous n'y pouvez plus rien. Leurs blessures tatouées ne s'effaceront plus. Ils vous accusent de toutes les douleurs que vous leur avez infligées, et vous l'avez fait. Ils vous condamnent durement à porter le fardeau de la peine que vous aviez déjà eue à avoir des parents en ajoutant la honte de l'avoir perpétuée. Ils vous laissent à votre tour dans des couches, gâteuses vieilles choses sans dents.

Vous ne pouvez même pas leur en vouloir, plus ou moins un détail, vous avez fait exactement comme eux, c'est le cycle bien suivi de la vie dans mon beau Canada.

Trop pour moi.

C'était bien ressenti, je n'avais aucune raison de vouloir un enfant. Une petite excursion au pays logique en continent cartésien et voilà, pas de reproduction. Vite fait, bien réglé.

Mais au-delà de la logique, quelque chose poussait. Malgré moi, l'idée s'enracinait, aussi saugrenue que celle de me faire examiner la prostate, aussi nécessaire que des amygdales en 1960. Une idée comme un ver d'oreille, insistante, obsédante. Une idée désobéissante, qui revenait malgré moi. Pas un jour sans me demander ce que je ferais si je ne le faisais pas. Avoir un enfant. Sans raison, même qu'au contraire la raison commandait la fuite. Avoir un enfant, vivre avec un enfant, protéger un enfant, éduquer un enfant, voyager avec un enfant. Il m'arrive d'avoir des instincts coriaces comme des coquerelles dans un dépanneur. Impossible de s'en débarrasser. Je me suis mise à porter l'idée d'avoir un enfant ET l'idée qu'un enfant, ça pue.

Je devais réconcilier les contraires.

En mal de l'expliquer, je cherchai des raisons à cette pulsion non pas si soudaine, néanmoins tenace. Quel mystère, à quarante-sept ans, de vouloir devenir maman, quelle étrange hérésie.

J'ai souffert de trente à quarante-cinq ans. Avant, je ne le savais pas. Rien d'extraordinaire, une peine venue d'un petit rejet récurrent, une mère qui ne m'aimait pas beaucoup telle que j'étais. Une maman jamais contente de vous, c'est une dose de poison qu'on met dans votre manger tous les jours, c'est une culotte trop petite qui vous gosse la craque des fesses toute la vie, un bas sans élastique toujours rendu à la cheville. C'est un visage toujours laid, peu importe le miroir dans lequel on se regarde, ce sont des procès qu'on se fait tous les jours sans jamais en gagner un. C'est s'obliger à en faire plus, toujours, à faire mieux, et à faire plus que les autres, encore plus, pour qu'un moment, une fois, on se sente un peu satisfaite. Un petit rejet banal, banal dans ses résultats, semblable à tous les autres petits rejets.

Puis, un jour, après les thérapies, les antidépresseurs, le yoga, la volonté, un jour, il y a eu une accalmie. Je me suis réveillée un matin, après une longue balade en chagrin, et je me suis dit que de ne pas avoir d'enfant, c'était arrêter la vie. Un Slinky sans mouvement sur une marche d'escalier. Ne pas avoir d'enfant, c'était donner raison à ma souffrance et convenir que je ne méritais pas le bonheur dont elle m'avait privée. Je croyais que j'étais bien et je l'étais sans doute. On ne peut pas toujours aller vers le pire. Pardon, oui, on peut. Sauf qu'à lutter souvent, courageusement, contre la tristesse, on doit forcément finir par aller mieux. J'étais donc bien et ma misère en fuite faisait place à la maternité. Pourquoi ? Pourquoi me mettre en danger, pourquoi risquer, et risquer quoi ? Pourquoi m'exposer à d'autres peines, à d'autres doutes ? Et douter de quoi, encore ?

J'ai cherché des réponses auprès de mes proches, enfin, auprès de certains de mes proches. De toute évidence, « pourquoi » résumait les doutes. C'est fou comme personne ne se trouble devant une potentielle maman de moins de quarante ans. À quarante-sept ans, j'éveillais les craintes. Je me voyais fouillée dans mes états intérieurs, je dirais devant et derrière. Peut-être qu'en couple le geste, bien qu'un peu tardif, aurait été admirable, fou ou courageux, mais seule, j'étais soupçonnée de la pire solitude, détresse ou névrose. Comme personne ne m'avait vue venir, j'ai eu plus de mâchoires décrochées que d'approbation. Et j'ai bien dit « certains de mes proches », parce que, si je n'avais pas triché sur le choix des sondés, le résultat ne m'aurait probablement pas été favorable.

Le seul moment de réel enthousiasme est venu de mon ami Victor et de sa fille Amanda, belle et jeune adulte adoptée presque à la naissance. Victor n'était pas un ami de longue date. D'une certaine façon, la douceur de son visage lui avait acheté de l'ancienneté. Les mots du bon Victor comptaient triple.

Adopter, ne pas le faire moi-même. Bonne idée. Pas que je rechigne au travail, mais, à quarante-sept ans, bricoler un enfant risque d'être difficile et le produit fini peut manquer de fini, de plus, mon utérus ne s'était jamais senti obligé de contribuer. Si je doute parfois de ma collectivité, à l'échelle personnelle, mes doutes deviennent des certitudes. Pas question d'enfanter une petite laide.

Adopter? Le choix le plus rationnel était l'adoption au Québec. Un petit enfant dans la misère sans écart de culture. Pour l'adoption locale, on privilégie les plus jeunes et les couples. J'étais éliminée. Il me restait l'adoption internationale et... d'autres questions. Étais-je trop vieille, étais-je trop célibataire? Il faut faire un bilan sérieux de sa forme physique. Théoriquement, un enfant, ça demande de l'énergie, par contre, en adoptant, on peut choisir l'âge et sauver quelques années de travaux lourds. Adopter à quarante-sept ans, ça raccourcit les années grand-mère, ça peut même raccourcir jusqu'à l'inacceptable les années mère. Sauf qu'en même temps tout le monde peut voir sa mère écrapoutie par un autobus demain et ne l'avoir connue que pendant trois ans, on appelle ça le hasard. Est-ce qu'à la retraite on peut encore payer l'université de sa progéniture? Est-ce que, mathématiquement parlant, je pourrais être sa grand-mère? Est-ce que... ?

Est-ce qu'il ne vaut pas mieux avoir une bonne mère pendant vingt ans que d'en avoir une mauvaise deux fois trop longtemps?

Célibataire. Si je n'avais jamais eu d'amoureux ou de fréquentations longues, j'aurais remis en question mes habiletés relationnelles. Je n'ai eu (presque) que de bons amoureux. Benoît, le premier, le bel auteur, le ténébreux, deux ans, Bernard, l'architecte mannequin, beau et ado, trois ans, Louis, l'affreux, celui pour qui j'ajoute « presque » dans « je n'ai eu que de bons amoureux », puis Denis, le sage, le cartésien, l'analyste, dix ans, et Alain. Alain, le fou, le beau, le doux, le tout, treize ans. Nous nous étions laissés en pensant que rien n'aurait dû être altéré ou usé, que l'amour ne devait jamais s'éroder ou se métamorphoser.

Je n'étais pas trop célibataire et, comme moi, cet enfant aimerait le prochain homme qui irait bien dans notre vie.

J'ai cherché des réponses dans les livres. À défaut de m'apporter des certitudes, mes lectures développeraient au moins mon instinct. J'ai lu tant de choses sur l'adoption que j'en ai même remis le geste en question. Pourquoi payer des agences, pourquoi donner des gros sous afin d'adopter un enfant qui n'est pas nécessairement orphelin, mais dont la famille est démunie et le pays, pauvre ? Ne serait-il pas plus logique de verser cet argent à la famille, à une fondation, aux villages ? Je sais, l'équation est plus complexe, cependant, le résultat est le même. C'est mal. Les enfants adoptés ne désirent certainement pas tous être transplantés. Et puis, si, moi, j'avais été adoptée par une autre famille, avec une autre culture, qui m'aurait fait troquer mes vêtements contre une jupette de paille et retirer mes souliers. Si ces gens-là, de bonne foi, m'avaient enseigné à porter l'eau ou à garder les moutons. S'ils m'avaient fait manger des insectes et boire du sang de vache, j'aurais eu raison de ne pas recevoir tout ce qu'ils me donnaient comme un cadeau. Étais-je si sûre que l'Amérique du Nord soit le paradis, que l'argent, l'abondance soit une nécessité? Nos vies sont-elles si enviables, nos valeurs si justes pour qu'on puisse avoir l'assurance de faire la bonne chose quand on va chercher de si petits enfants dans de si gros avions? Est-ce qu'on ne pourrait pas faire mieux? Je me faisais des matches de tennis en solo avec mes arguments. À la fin, franchement, j'étais fatiguée de courir la balle. L'idée d'adopter relève simplement de l'égoïsme. On a beau se convaincre qu'on va aider un enfant, au plus profond de soi, là où on ne peut rien admettre à voix haute et en pleine lumière, on espère surtout se sauver l'adulte.

Le flot des choses qui continuent, las de me voir stagner, sans espoir de décision, mit Patricia sur mon chemin. Cette amie infiniment tendre, au cœur arraché et recousu, venait d'adopter. Les yeux clairs, pleins d'évidence, elle m'invita à ne plus perdre de temps et à m'inscrire au moins à un atelier de préadoption offert par un CLSC spécialisé en adoption internationale. Go. J'étais d'accord, la connaissance, toujours, mène plus facilement à la décision. Et puis, la connaissance, c'est comme les cheveux, on n'en a jamais de trop. Bien que... beaucoup de gens survivent à une vie de chauve.

À la rencontre, visiblement, je n'étais pas dans la moyenne. La plupart des couples présents attendaient déjà leur enfant. Toutes nationalités confondues, venant d'agences d'adoption différentes, ils avaient en commun le plus grand espoir d'amour et de joie. Zéro doute. Ce n'était pas un atelier «adoption pour les nuls», ils étaient tous plusieurs étapes plus loin, et, surtout, il n'y avait dans ces têtes aucune trace d'hésitation. Je balbutiais; ils articulaient avec la plus grande aisance.

Il y a toujours un malaise à être différent. Au tour de table, j'aurais décollé la tuile du plancher pour y enfouir mon corps et mon linge pas pareil. Diane Lavoie, célibataire, j'ai toujours fui les enfants, et je ne sais vraiment pas ce que je fais ici, et si ce n'était les biscuits que vous offrez, je serais déjà dans mon char. J'ai eu un réflexe de caméléon, j'ai changé de couleur: «Diane Lavoie, célibataire, je veux adopter une petite Haïtienne.» J'étais calme en apparence. Dans ma tête, j'étais au centième étage d'un gratte-ciel en feu. Quoi? Une petite Haïtienne? Pourquoi pas un lézard albinos? L'approbation se lisait dans les regards, j'avais dit la bonne affaire. Ouf, ouf, ouf... Observer discrètement, écouter, apprendre, me taire.

Tous les parents parlaient de l'évaluation psychosociale qu'ils avaient eu à subir et de tous les documents qu'ils avaient eu à fournir. Ils trouvaient pour la plupart que c'était injuste, que les couples qui font des enfants n'ont jamais à prouver leur talent de parents. Écouter, apprendre et me taire.

Je n'étais pas trop d'accord avec la moyenne des ours. On devrait s'assurer que les parents ont un minimum d'allure avant de leur permettre d'avoir des enfants : après tout, on fait bien une enquête de solvabilité pour l'achat à crédit d'une piscine. Ça ne me pose aucun problème qu'on se renseigne pour savoir si j'ai un casier judiciaire, assez d'argent, une personnalité stable, avant de me confier un enfant. Même, s'il vous plaît, fouillez-moi ! Rassurez-moi ! Dites-moi que vous pensez, vous aussi, que je ne ferai pas une job de cul avant de me donner un enfant ! Là encore, personne sauf moi ne semblait douter. Ils parlaient mielleusement de l'amour qu'ils étaient prêts à donner et disaient qu'avec cette sorte d'amour là, on peut arriver à tout. Pardon ? Je ne le crois pas, non plus ! On peut être maladroit même plein d'amour, et encore faut-il supposer que les enfants veuillent bien de cet amour, au moins jusqu'à ce qu'il leur devienne nécessaire. Plus il y avait de mots, moins j'étais dans la moyenne, heureusement que j'avais choisi de me taire. La convenance de ces gens m'agressait, leurs certitudes de bonnes personnes bien-pensantes m'écorchaient. Comment peut-on se convaincre que toutes les blessures se guérissent avec l'amour ? Les interventions des futurs parents étaient tellement naïves que j'étais même surprise qu'ils aient réussi l'évaluation et qu'on s'apprête à leur confier un enfant. La travailleuse sociale et la psychologue qui animaient l'atelier nous décrivaient les réactions typiques de l'enfant adopté. Chaque fois, les commentaires des Futurs me hérissaient. Je ressentais à la fois la blessure que l'enfant porte au nez des parents impuissants et la peur du parent qui va blesser, malgré ses bonnes intentions.

« Ben non, tu sais ben que maman t'aime. »

Plus la journée passait, moins je m'identifiais aux autres parents.

On nous décrivait sommairement ce qui nous attendait en adoptant. L'arrivée, le choc, le cocooning, l'isolement, l'attachement, lent, très lent, la difficulté de tout et celle de tous. Il y avait aussi le désarroi d'être expédié dans un autre pays, peut-être même de vivre dans une autre langue. La vie antérieure biffée, dormir et manger chez l'étrange, être touché par l'étrange, sentir de l'étrange, entendre de l'étrange. Les transplanteurs étaient sourds. Je lisais sur leur visage la béatitude de ceux qui vont enfin avoir un enfant après l'avoir attendu mille ans. À peine une ombre sur le front, « oui, cela peut être dur, mais pas pour nous. Nous, nous avons l'Amour ».

J'étais à vif. L'amour de ces étrangers pourrait-il jamais consoler la peine qu'allaient porter ces enfants, celle d'avoir raté leur première job. Celle de n'être pas assez bons pour être aimés et élevés par leurs propres parents. Ils ne se souviendraient pas qu'ils étaient pauvres, qu'ils avaient manqué de tout, ils ne se souviendraient pas qu'ils avaient souvent été seuls, et peut-être maltraités. Ils ne se souviendraient pas d'avoir été laissés à la porte d'un orphelinat ou de s'être endormis dans les bras de leur mère pour se réveiller dans ceux d'une nounou sans lien, mais ils sauraient jusqu'à la fin de leurs jours qu'ils n'avaient pas été assez bons pour que leurs parents les gardent. Ces peines-là arrivent avec les enfants et ne se réparent pas, elles s'apprivoisent. Les Futurs devaient s'attendre à l'impuissance, devaient cultiver la patience, l'empathie, ne pas espérer triompher la bouche pleine d'amour.

Peut-être que je me trompais. Peut-être que je n'avais pas assez confiance pour être parent, adoptif ou non. Peut-être que j'avais raison d'avoir peur. Peut-être que je n'avais pas fini d'exorciser mes peines et que j'allais vers un combat pour en gagner deux. Peut-être que j'étais trop lucide ou pas assez. J'aurais aimé être comme les autres, n'avoir de doute que sur la couleur de la chambre. Seulement voilà, je n'étais pas comme ça, je n'étais pas en paix. Les autres étaient-ils en paix ou ignoraient-ils simplement qu'ils ne l'étaient pas ?

Wooooo…

La vie est ainsi faite que, dans la pire fuite de certitudes, je venais de prendre une décision. Je ne savais toujours pas ce que j'allais faire, mais j'allais le faire. Mon inconscient ou quelque chose dans le genre m'avait amenée exactement là où je devais être, au dénouement d'une peine récurrente qui ressemblait étrangement à celle d'une enfant adoptée. Sauf que je n'avais pas compris. Peut-être que si j'avais compris, je n'aurais pas trouvé dans ma pulsion d'adopter un motif assez noble et je ne l'aurais pas fait. Peut-être qu'au fond, s'il fallait vraiment attendre des certitudes avant de bouger, la race se serait éteinte deux ou trois singes après le Neandertal et qu'il valait mieux agir, même dans le noir le plus épais.

Je crois que je suis plus lente que les autres à intégrer de nouvelles réalités. Quand je me fais couper les cheveux, je peux me regarder huit cents fois avant de comprendre que ça, c'est ma nouvelle tête. Je reste des jours entiers à me surprendre devant un miroir et à dire : « Ah oui ! C'est vrai. » Je ne savais pas combien de temps je prendrais pour assimiler l'idée d'avoir un enfant. À partir de cette journée-là, les mots se sont installés dans ma bouche. J'en aurais pour des mois à ne pas trop me croire, peut-être même des années, mais ça y était, j'allais adopter. J'avais cherché des réponses dans mon cœur, je n'y avais pas trouvé de réponse… et presque pas de cœur, il était arraché depuis si longtemps. J'avais cherché dans ma tête, je n'y avais trouvé que le temps perdu, le temps que ma souffrance m'avait volé et un signe que la vie devait reprendre. C'est la candeur des autres parents qui m'a finalement décidée. L'humanité existe parce que des humains croient à son existence. Ils y croient malgré l'ignorance, la maladresse, l'incapacité. Ils y croient dans le tout croche, convaincus qu'à mettre un pied devant l'autre on finit par avancer.

Et moi, j'ai suivi.

Oui…

Chercher une agence d'adoption n'est pas simple. D'abord, il faut déterminer de quel pays viendra l'enfant et ne pas changer d'idée. Pour une fois, j'étais décidée. Comme je l'avais dit d'un trait à l'atelier de préadoption, j'avais un penchant pour Haïti. Les Haïtiens forment un peuple joyeux, ils ont le pied dansant et la robe colorée. Les Asiatiques sont trop réservés, les Latinos, pas assez. Les Slaves, hum…, trop semblables. Mon opinion sur le pays d'origine tenait à deux, trois idées préconçues qui auraient pu facilement être démolies au premier argument. Personne ne m'en apporta. Je ne suis pas raciste, je suis élitiste. Je déteste les idiots, et ça, ce n'est jamais une question de couleur. Même qu'à l'inverse, après la gaieté des Haïtiens, leur couleur ou la différence de traits était mon deuxième motif ; je ne voulais surtout pas faire croire à l'enfant que j'étais sa mère biologique, je ne voulais pas d'équivoque.

Oui, je sais, cette phrase mérite une explication.

Il y a de cette réalité, dans l'adoption, mais j'étais à contresens, je ne souhaitais pas la ressemblance. Je n'ai pas assez de courage ni de satisfaction dans ma vie pour produire une autre vie de ma propre essence ou même à mon image. Pas assez confiance en mon modèle pour souhaiter le multiplier. Ne pas vouloir engendrer de la peine, de la laideur. Est-ce que je pourrais vivre avec le reproche d'un enfant de l'avoir mis au monde ?

Ah voilà, on y était. La réponse était clairement « non ». Une petite fille à la peau au chocolat m'assurait d'une chose : elle ne pourrait pas me reprocher de l'avoir mise au monde. Appelez-moi « peureuse », lâche de mon petit nom, j'avais besoin de pouvoir décliner ma responsabilité dans le cas où elle me reprocherait la vie.

Il y a, au Québec, deux agences qui vont en Haïti. Les règles d'adoption étant dictées par le pays d'adoption et le Secrétariat à l'adoption internationale, le SAI, on peut presque indifféremment s'adresser à l'une ou à l'autre. Elles sont en contact avec des crèches différentes et traitent les dossiers chacune à sa façon. Le plus important, les exigences d'Haïti et du Québec, ne change pas d'une agence à l'autre. Une chance pour moi, Haïti était un bon choix pour les mères célibataires un peu âgées. Conjoints de fait depuis mille ans ? Pas admis. Mariés depuis dix ans, oui. Célibataire depuis la nuit des temps, pas de problème. Personnellement, les critères ne me convainquaient pas. Comme rien ne remettait en question ma candidature, je n'allais pas déjà protester.

Les tarifs d'une des deux agences étaient pas mal plus élevés, l'autre avait un site internet plus joli, l'une était située à Trois-Rivières, l'autre, à Québec. Oups. Comment départager? «Magasiner»? Il me semblait un peu déplacé de magasiner pour un enfant... «Offrez-vous des garanties, un service après-vente, peut-on retourner l'article, proposez-vous plus d'options?...» Je ne me sentais pas à l'aise de poser des questions, et puis, en formuler une sans manquer de tact me semblait impossible. J'optai pour l'expression la plus simple de mon questionnement en ne m'adressant qu'à l'agence la plus onéreuse: «Pourquoi coûtez-vous plus cher?» Elle assurait un meilleur «suivi», pouvait même me parler des activités et des menus de l'orphelinat. À défaut de m'éclairer, la réponse me poussa à réfléchir. Quand on parle d'orphelinat et de transplantation d'enfants dans un autre pays pour leur éviter la misère, on ne donne pas dans le service quatre étoiles. J'imaginais, peut-être à tort, que les crèches en Haïti veillaient à ce que beaucoup d'enfants aient le minimum et non pas à ce que quelques élus pointés par des doigts plus riches connaissent des conditions de garderies bien nanties. Peut-être que je ne comprends pas bien, mais vouloir appliquer des conditions nord-américaines à un orphelinat en Haïti, là même où, sur le trottoir d'en face, des enfants meurent de faim, me semble mal. De plus, j'entendais, dans les mots de l'agence, la promesse fictive que tout allait mieux se passer en payant plus cher. Mon enfant serait mieux nourri et plus stimulé, donc j'accueillerais un meilleur enfant et la transition serait plus facile. Je n'aime pas qu'on s'adresse à mes peurs, je crains qu'on profite de ma vulnérabilité. Je n'aime pas qu'on me rassure, cela renforce l'idée que je dois craindre quelque chose, et, surtout, je n'achetais pas un objet quelconque. J'adoptais un enfant et rien, surtout pas l'argent, ne pouvait garantir l'issue des choses.

Malgré tout…

Une amie ne comprenait pas que je puisse envisager d'économiser sur le coût de mon enfant. Moi non plus, je ne comprenais même pas les mots pour en parler. Pas que je sois si sensible, mais, s'agissant d'adoption, les mots « coûter » et « enfant » ne peuvent pas être dans la même phrase sans créer un malaise. On avait beau prendre toutes les précautions pour éloigner le « prix » d'« enfant » et essayer, parfois maladroitement, d'accoler le « prix » à toutes les déclinaisons de « services », inévitablement, les deux réalités se retrouvaient dans la même phrase. Je tâchais de faire la part des choses. On sait, quand on va adopter, qu'on s'expose à des situations difficiles. On sait qu'il y aura du jour au lendemain des cacas qu'on ne connaît pas sur des fesses qu'on n'aura jamais vues avant, peut-être des parasites dans les cacas qu'on ne connaît pas, qu'il y aura des mots difficiles comme « ta maman t'a abandonné » ou « je ne suis pas celle que tu souhaites », des innocents qui vont parler de couleur de peau sans finesse et qu'on ne pourra pas faire taire en les regardant, alors, même si on n'a rien signé, quand on vous demande de choisir entre cher et pas cher pour l'adoption, on sait que les choses difficiles, c'est déjà commencé.

Un ami africain, moins obnubilé par son pécule et par notre culture, m'apporta une autre version. Il me demanda avec toute la simplicité du monde ce qui allait advenir de l'enfant qui coûtait le moins cher et qui était forcément déjà né. Est-ce qu'on allait le jeter, comme les fruits trop mûrs qui, même soldés, ne trouvent pas preneur à l'épicerie?

Pitié.

Mes réflexions étaient ridicules, je ne choisissais pas un fruit, je n'avais pas à considérer la qualité du semis ni les conditions de culture. Je n'avais pas à choisir entre faire comme ici ou faire comme là-bas. En admettant que payer plus cher nourrissait plus d'enfants, le geste, bien que plus que louable, n'était pas non plus celui que je m'apprêtais à faire. J'adoptais un enfant, je n'en nourrissais pas plusieurs, et supposer que payer moins cher faisait de moi quelqu'un qui prenait moins bien soin d'un enfant était faux. Aussi, l'espèce de promesse que l'enfant serait mieux stimulé et mieux nourri donnait une indécente illusion de choix qui ressemblait presque à de la génétique sélective. J'ai des sous, engraissez bien le mien, faites qu'il soit plus beau et plus intelligent.

Fin de la réflexion. Il me restait à obtenir une dernière validation, auprès d'Amanda, la fille adoptive de mon ami Victor. Amanda est une solide jeune fille de dix-huit ans. Si j'avais lu dans ses beaux yeux bridés le moindre doute, la moindre souffrance de petite fille mal soignée, j'aurais payé sans hésitation le forfait le plus cher. Elle me regarda, convaincue. «Comment peux-tu être sûre que cet argent-là servira vraiment à ton enfant ? Tu n'y seras pas. » Sa voix parlait encore plus que les autres.

J'allais vers un fruit, peu importe qu'il soit soldé ou trop mûr. J'allais vers l'agence la moins chère, celle de Québec, située à côté de chez mes parents.

Un autre détail, mes parents. Ma mère, bien que de racines italiennes, avait manifestement un petit penchant raciste…, à croire que je faisais exprès de choisir une couleur de peau différente. Et puis, notre relation était presque inexistante, je pourrais peut-être la rétablir quand j'irais à Québec. Peut-être pas ; ma mère avait toujours trouvé mes idées saugrenues, ça allait de soi qu'elle n'aimerait pas celle-là. Mon père ne dirait rien.

Un contrat d'adoption, c'est un contrat avec des mots comme « ventilation des coûts » et « résiliation de procédures ». Des termes froids, raisonnés, des termes qui conviennent parfaitement pour encadrer un acte émotif. J'étais rassurée, on n'allait pas me tourmenter avec des flous pour me tirer des larmes ou des sous. Glacial mais clair.

Quand on s'éloignait des clauses contractuelles, la dame à l'accueil (et finalement le seul membre de l'agence que j'aie jamais vu) me surprenait un peu avec des phrases plus grosses qu'elle, comme « les Haïtiens s'intègrent vite et n'ont pas de problème d'attachement » ou « nos enfants sont bien préparés à la vie qui les attend ici ». Son discours était à des distances sidérales de ce que j'avais entendu au CLSC.

« Les Haïtiens sont différents, vous allez voir, vous n'allez pas le regretter. » « Regretter » ? Mauvais choix de mot? Son bureau était encombré de photos de petits enfants tous adorables collées sur des cartons de couleur. Je déteste les affiches en carton de couleur, le genre qu'on fabriquait en pastorale, bien colorées avec de beaux messages écrits au crayon de bois et des collants brillants. Je sais, c'est superficiel. Je pense qu'un adulte qui fabrique encore des affiches en carton de couleur en 2009 mérite d'être arrêté par la police. Et puis, il y a une mentalité carton de couleur, elle minimise la présentation et ignore toutes les avancées des ordinateurs personnels. J'ai étudié le dessin de mode et je conçois des costumes à Radio-Canada. Ce qui semble un métier d'apparat relève souvent de la haute voltige psychologique. La perception qu'ont les acteurs de leur anatomie est parfois si faussée qu'il faut une invasion psychique pour habiller ladite anatomie, qu'elle soit sculpturale ou un peu ramollie. À la fin, oui, j'avoue, les vêtements, les costumes, c'est un peu superficiel. Et ne pas aimer les affiches en carton de couleur, c'est insignifiant.

Je m'excuse.

Ça ne comptait pas, je ne l'ai pas dit à la dame.

Il y avait des tonnes de photos montrant de beaux petits enfants, vraiment tous mignons. Sans me vanter, j'avais choisi d'adopter parmi les plus beaux. Qu'est-ce qui m'attendait? Une belle petite face, la plus laide? Un visage cornichon qui ne me reviendrait pas, comme il arrive parfois que certaines personnes nous irritent avant même qu'on les connaisse?

— De quel âge désirez-vous l'enfant?

— Six ans.

— Trop vieux, répliqua la dame, je vais demander deux ou trois ans.

Trop vieux, toi-même… Et si moi, je ne veux pas changer des couches? Je ne sais même pas comment. Je ne sais pas jouer avec des bébés! Je voulais tellement un enfant plus âgé qui comprendrait que c'était là, maintenant, ou jamais. Un enfant qui m'exprimerait sa peine et que je pourrais consoler avec des mots. Comment je pouvais consoler un bébé?

— Deux ou trois ans?

— Oui, trois ans. Les procédures d'adoption sont longues, le temps qu'on vous propose un enfant, le temps des papiers, l'enfant ne pourra pas arriver avant un délai de deux ou trois ans, peut-être quatre. Il ou elle aura quatre ou six, sept ans maximum. Un enfant de sept ans, c'est plus difficile, déjà, cinq ou six ans…

— Oui, mais…, si l'enfant arrive à trois ans?

— Impossible. Désirez-vous adopter une fille ou un garçon?

— Une fille. Ou un garçon?

Je ne savais plus. Là, j'avais peur.

— Quel était votre premier sentiment?

M'en aller dans mon char? Courage… Une fille?

— Suivez votre instinct, une fille.

Je demandai naïvement comment les choses allaient se passer là-bas, à l'orphelinat. Les enfants de trois ans, étaient-ce ceux qui n'avaient pas trouvé preneur depuis leur abandon à la naissance? Étaient-ce des orphelins dont les parents venaient de mourir? Étaient-ce des enfants dont les parents s'étaient révélés inconvenants? La réponse me déconcerta. En Haïti, les enfants sont très pauvres. Ils ont souvent des familles complètes, parfois juste des mères avec des pères en fuite. Ils ont été trimballés d'une tante à une cousine, d'un bout de famille à un bout de voisinage et tout le monde a fait ce qu'il a pu. Finalement, personne n'arrive à les nourrir. Alors, les mères impuissantes sollicitent une place à l'orphelinat. Et selon les demandes qu'elle reçoit des agences, la directrice de la crèche « choisit » pour plaire à la clientèle et s'assurer du départ des enfants.

Crèche qui roule n'amasse pas *ti-moun*.

Quand elle aurait reçu la demande pour une petite fille de deux ou trois ans, Mme Auguste, la directrice de la crèche en Haïti, allait pointer son doigt vers une enfant qui, ainsi, gagnait la loterie. Et la mère saurait la douleur de perdre son enfant afin de lui assurer un avenir meilleur.

Wooooo. Je n'avais lu ce bout-là nulle part. C'est moi ou c'est troublant ?

— Non, non, c'est comme ça.

Je ne savais plus ! J'avais vraiment peur. Peur de blesser. Peur de ne pas être à la hauteur du mandat, peur de ne pas honorer le sacrifice d'une vraie mère. Peur d'en être une fausse. J'avais peur des cartons de couleur, j'avais peur de devoir assister à des fêtes de Noël dans des sous-sols ou des gymnases d'école décorés de cartons de couleur avec des buffets de sandwichs au fromage jaune et des salades de patates à la Miracle Whip. Peur de ne pas être une bonne « promesse d'avenir meilleur ». J'avais peur de devoir fréquenter cette dame ou d'autres gens comme elle, qui n'étaient pas de mauvaises personnes, mais qui peignaient leur vie à gros traits sans nuances. J'avais peur d'être trop compliquée, de ne pas être assez généreuse pour aimer une petite face qui ne me reviendrait pas. J'avais peur de ne jamais trouver le confort dans l'équation simple de « pas d'argent, pas de maman ». Peur d'être une mauvaise personne intransigeante et… une mauvaise mère.

— Signez ici.

Le 11 mai 2009, j'ai signé un contrat pour adopter une enfant. J'ai signé avec ma tête, peut-être mon cœur, surtout pas mon corps. J'ai signé, chavirée. Mon nom sur un papier signifiait que je ferais peut-être la meilleure chose pour une enfant et la pire pour sa mère. Mon cerveau était en broussaille. J'étais troublée d'avoir la maternité si cérébrale, presque virtuelle. Dans un parcours plus naturel, on en parle, on fait l'amour, on vomit un brin, on s'étire la peau du ventre, on enfante dans le sang. Le moins qu'on puisse dire, c'est que c'est organique. J'aurais voulu une certitude. J'aurais voulu avoir les seins qui font mal ou avoir la nausée. J'aurais voulu que mon corps me valide. J'aurais voulu qu'il soit ma vigile, mon sablier, mon équipier. En « signant ici », je laissais traîner mon long foulard dans un engrenage, consciente (ou presque) qu'un jour j'allais sentir un serrement et bloquer un rouage qui n'était pas le mien.

Mais là, seule dans un bureau avec une dame qui n'avait rien d'une sage-femme, je ne sentais que le doute.

Formulaires, tango et demi-mensonges

Pour moi, la sortie n'est jamais derrière et la lumière est toujours devant. Ainsi, dans le doute et la peur, j'accélère le pas. Je me dépêchai de préparer mon dossier d'adoption. Même si on m'avait prévenue que cela pouvait prendre des mois, j'étais décidée à le compléter rapidement. Mais, même décidée, obtenir des papiers d'un comptoir gouvernemental est aussi rapide que de voir un médecin dans une urgence. Il me faudrait beaucoup de patience… Contre toute attente, quelques jours après mes premières demandes, une lettre. Déjà des résultats !

Eh bien, non.

Le 11 mai, le jour même où je signais mon contrat, l'agence d'adoption m'envoyait une lettre m'informant que les conditions avaient changé et qu'il en coûtait désormais plus cher pour adopter. J'étais surprise, sûre d'un malentendu.

— Non, pas d'erreur, nous avons dû augmenter nos tarifs.

— C'est parce que j'ai signé un contrat.

— Oui, mais c'est pour le bien des enfants.

Déçue, méfiante, outrée, furieuse, trompée, exploitée.

Freins d'urgence.

Je vivais une caricature de mauvais contrat, un genre d'histoire qu'on ne voit que dans les émissions de consommateurs abusés. « Pour le bien des enfants. » Je m'attendais à ce genre de chantage sentimental, mais pas de la part de mon agence. Je m'attendais à ce que quelque part, dans un commerce émotif avec un pays corrompu, il se trouve une circonstance où je devrais payer un peu « pour le bien de mon enfant ». Mais pas maintenant, avant même que quoi que ce soit n'ait commencé. Et pas ici.

Les gens de l'agence n'étaient pas tombés sur la bonne personne. J'ai le sang plus froid que celui d'une vipère, je n'ai pas de pression sanguine et pas de cœur. Le physique parfait pour endurer les situations déplaisantes jusqu'à ce qu'elles aient trouvé un dénouement juste et équitable. Si, dans le contrat, on avait écrit « automobile » à la place d'« enfant », non seulement j'aurais eu raison de me sentir flouée, mais j'aurais pu faire appel à un tribunal. Est-ce qu'on allait me réclamer des sous de façon aléatoire et me faire sentir mesquine de résister, car, après tout, c'était pour le bien d'une petite enfant aux yeux mouillés, mon enfant? À quoi sert un contrat? Et comment expliquer qu'on ne m'ait pas prévenue au moment de la signature? Est-ce que j'allais accepter par malaise et convenir avec eux que j'étais crédule pour ne pas paraître radine?

Noooooooon!

L'adoption internationale est-elle une arnaque malsaine qui profite du malheur des enfants pauvres et des pauvres riches qui n'ont pas interrompu leur vie pour faire des enfants ou qui sont stériles? Qu'est-ce qui justifie le mélodrame du parent castré qui veut sauver un enfant sans avoir l'intention d'arrêter de rouler en gros char ou de vivre dans une plus petite maison pour partager sa richesse? Qui donnerait tout à un enfant pourvu que ça ne lui enlève rien? Et puis tiens, pendant qu'on en parle, est-ce que ce n'est pas un peu immoral que l'orphelinat préfère accepter les enfants qui ont un potentiel d'adoption? Et pourquoi vouloir un enfant à moi, ici, dans ma maison, alors que ce même enfant avait déjà une mère, une maison, dans un pays tout croche, enraciné dans la corruption à laquelle j'allais contribuer en payant des « services »? Les gens n'appartiennent à personne. Pourquoi les petits enfants devraient déménager dans le pays de ceux qui ont l'argent? Et pourquoi avoir scrupule à dire « acheter » un enfant quand, dans les faits, on paye le gros prix pour qu'il soit sien?

Retour à la case départ, pourquoi, encore. Pourquoi la mascarade du bien de l'enfant alors qu'on le fait peut-être dans le mal?

La question n'était pas plus vaste que celle d'adopter. Je comprends très bien pourquoi on se reproduit: sans enfant, la vie se termine. Je comprends très bien pourquoi on élève des enfants quand leurs parents sont décédés. À la limite, je comprends pourquoi on partage les enfants avec les parents biologiques quand ceux-ci sont déficients. Mais ce n'était pas comme si je m'étais trouvée en Haïti et que j'aie vu une pauvre petite fille seule sur le bord de la route, que je l'aie ramenée parce que personne ne s'occupait d'elle. Non. Je provoquais une séparation et de la douleur par mon seul instinct de famille. Une idée, comme lorsqu'on décide un jour de faire un voyage, de changer de travail ou d'acheter une télé. Je ne pense pas être bien différente des autres, seulement, je cherchais moins à habiller mes motivations.

Dans un monde idéal, j'aurais parrainé un enfant... et sa famille. Je me serais assurée qu'ils mangent, qu'ils aient un toit, qu'ils soient éduqués. Le grand mensonge, c'est qu'on dit vouloir le bien des enfants et que ce n'est pas possible de l'obtenir autrement qu'en les faisant venir dans nos grands pays capitalistes. Que ce n'est pas possible de l'avoir autrement qu'en les faisant siens, qu'en devenant le seul parent, le seul réceptacle des redevances. Le grand mensonge, c'est de prétendre que l'adoption est magnanime, alors qu'elle est purement égoïste. Je m'étais déjà dit tout ça, sans vraiment l'écouter, ça me revenait plus clair au rappel. Je ne pouvais plus ignorer mes hésitations et mon embarras.

J'ai appelé le Secrétariat à l'adoption internationale. La conversation fut assez courte, pas que mon interlocutrice ne se soit pas montrée généreuse, au contraire. Avec toute la diplomatie requise, elle a reconnu l'extrême ambiguïté du contexte d'adoption en soulignant qu'au bout des doutes et des maladresses, comme celle dont l'agence avait fait preuve, il y avait parfois des histoires heureuses où des petits enfants mangeaient enfin à leur faim.

C'était sans issue, rien n'était épargné. Pas même l'adoption, pas même les enfants, pas même le dénuement. Il n'y a pas d'altruisme. Existe-t-il un seul geste qui puisse avoir la pureté qu'on lui accorde ? Faut-il toujours que l'argent s'accompagne de la cupidité, les bonnes intentions, de l'assouvissement de ses propres besoins ?

Je ferais d'abord le mal avant de nourrir une petite fille. On dit que la fin, à moins que ce ne soit la faim, justifie les moyens. Voilà, c'était laid, c'était inévitable. Fais comme tout le monde, prends ton ballon et cours jusqu'au but.

Back on track, après la tergiversation, je reprenais mon « dossier adoption ».

D'abord, l'évaluation psychosociale. Trouver un travailleur social, payer cher.

Am, stram, gram, pic et pic et colégram.

J'en trouvai une au nom prédestiné, sûrement haïtienne. Éva Bonsoleil. Quand j'ai vu le personnage, je n'y croyais pas. C'était Eddy Murphy dans une parodie de sa mère. Simple, sympathique au-delà du mot, Mme Bonsoleil débarque dans mon salon un beau jour d'été.

— Allô, vous allez me wacontez votwe vie, vos motivations à adopter votwe enfant et tout ça. Je vous diwai ensuite ce qui va awwiver.

Je lui raconte tout. Mon travail, mon salaire, mes qualités, mes défauts, que mon ex et sa fille sont encore dans ma vie, les relations quasi inexistantes avec ma famille et à quel point rien ne me destinait à adopter une enfant, sinon un instinct venu de nulle part et plus fort que la police. Tout, même en sachant que la situation avec mon ex, Alain, n'est pas idéale pour obtenir des points. Il ne doit pas y avoir de « quelqu'un » dans ma vie autre qu'un « mari ». Essayer d'expliquer que mon ex habite encore dans ma maison et qu'il projette de se construire sur mon terrain, c'est avoir l'air de prendre les Haïtiens pour des idiots, tout en essayant d'esquiver la notion de « mari » pour leur faire passer celle de conjoint de fait.

On aura compris ici que Mme Bonsoleil avait un accent créole disons prononcé et que je m'abstiendrai d'en faire la transcription phonétique intégrale.

— Vous savez, vous n'avez pas à tout raconter à n'importe qui.

— Vous n'êtes pas n'importe qui, vous êtes la femme qui va juger si je peux adopter un enfant. Je ne peux être autrement que transparente.

— Merci. Mais vous devez apprendre à vous protéger. Vous devez apprendre à dire ce que les gens veulent entendre, pas nécessairement la vérité. Vous savez, le monde de l'adoption est très conservateur. Les Haïtiens qui vont évaluer votre dossier le seront encore plus. Ils n'ont pas à tout savoir. Alors, on va reprendre quelques questions. Vivez-vous seule ?

— Euh…

Je suis incapable de mentir. Je peux, à la limite, si vraiment, vraiment, je dois, « étirer » la vérité. Mais dire blanc quand je vois noir ? Impossible, à moins d'être sous l'influence de drogues fortes. Peut-être sous la guillotine, jamais essayé.

— D'accord. Vous savez, si vous me dites que vous habitez avec quelqu'un avec qui vous n'êtes pas marié, je dois écrire que vous habitez avec quelqu'un qui sera pris pour votre conjoint. Et je ne veux pas écrire que vous vivez avec quelqu'un parce que vous n'aurez pas d'enfant. Alors, je reprends ma question : vivez-vous avec quelqu'un ?

— Non ?

— Alors, c'est parfait. Vous vivez seule. Votre maman est très contente de vous voir adopter et vous avez l'appui de toute votre famille qui est très présente. C'est parfait. On n'a vraiment rien à dire sur votre travail, vous travaillez pour le gouvernement du CA-NA-DA, ils vont beaucoup aimer ça, en Haïti.

— Est-ce possible que vous, vous me jugiez incapable d'adopter ?

— Non, chère madame. Vous allez être une mère parfaite. Autrement, je vous l'aurais dit tout de suite. Je n'aurais pas poursuivi l'entrevue et vous ne m'auriez pas payée. Vous allez être une bonne mère, si je vous aide un peu, parce que, comme ça, vous n'êtes pas assez conventionnelle pour satisfaire aux critères des Haïtiens. Je les connais.

Am, stram, gram, pic et pic et colégram. Un jeu de hasard et un ange descendu du ciel haïtien.

Il n'y avait pas d'autre façon pour moi d'exister que de me livrer ouvertement en espérant que la mise à nu ne donne pas l'occasion de me blesser. Je pense qu'on peut s'en remettre aux gens sans craindre qu'ils ne nous fassent mal. Et si jamais ils le font, on n'a qu'à s'en aller. Ils ne nous méritent pas. Ce n'est pas de la naïveté, c'est une précaution élémentaire pour être acceptée telle que je suis. Ainsi, je n'avais pas caché ma vulnérabilité, mon questionnement perpétuel sur la souffrance et ce qui l'engendre. Mais je n'avais pas caché non plus ma force de vivre, presque désespérée. Je lui ai parlé de la peine venue de mon enfance, celle que je ne voulais pas perpétuer. Je lui ai parlé d'empathie. Je lui ai dit que je suivrais cette enfant avec tout mon instinct pour qu'elle soit, qu'elle devienne et qu'elle fasse. Je lui ai dit que j'appellerais la police, le pape ou Mickey Mouse pour l'aider si je n'y arrivais pas. Je lui ai parlé de mon désir d'être mère, de ne pas forcer le mot « maman » dans la bouche de ma fille.

Je ne lui ai jamais parlé de différence de peau ni de culture haïtienne, je ne lui ai pas parlé de couleur de chambre. Je n'ai pas dit que ma fille aurait une famille « normale » avec un père, une grand-mère, un grand-père, des frères et sœurs, des oncles, des tantes ou des amis avec des tas d'enfants de son âge. Je n'ai jamais donné les bonnes réponses. Mme Bonsoleil a reçu quarante-sept ans de réflexions en vrac sans s'enfuir en hurlant à la folle. Étonnamment, elle m'a suggéré de pardonner et j'ai pleuré. Un ange descendu du ciel haïtien. Son allure, son écoute, les mots échangés, tout était improbable, et pourtant, là, dans mon salon, cette dame et moi nous avons eu un contact rare. Sans elle pour « arranger » mes réponses, je ne sais pas si j'aurais été acceptée comme maman. Moi qui n'avais jamais été particulièrement chanceuse, cette fois, j'avais été bénie.

Mme Bonsoleil rédigea un rapport élogieux, elle rédigea également la lettre de motivation que je devais adresser au consulat haïtien, convaincue que je n'aurais pas la façon de faire. Certainement pas à tort.

L'examen médical.

Pourquoi ne pas donner un petit coup de savate à notre beau système de santé, pendant qu'on y est? Je n'ai pas de médecin de famille et, à ce moment-là, je n'avais pas découvert la deuxième vitesse. Vous savez, celle qu'on chuchote : la médecine privée. Celle qui fait que vous pouvez avoir un service presque aussi efficace que chez un vétérinaire, à un prix comparable à celui des garagistes. Bref, je n'avais pas d'autre choix que de demander à celui que j'appelais le « charlatan ». Probablement le seul médecin de Montréal qu'on peut rencontrer dans un délai de cinq heures, à condition de ne pas dédaigner les cliniques miteuses. Le charlatan est un médecin à qui je n'ai jamais fait confiance. Je ne l'aurais jamais consulté pour une vraie maladie. Je le voyais pour des papiers d'assurance recommandant un massage, pour des ordonnances occasionnelles et des prises de sang pour vérifier mon taux de fer. Il perdait immanquablement mes résultats. Heureusement, j'en recevais une copie du laboratoire privé qui effectuait les analyses. Fidèle à ses habitudes, le charlatan me toucha du bout des doigts pour m'examiner un peu moins que sommairement. L'agence d'adoption avait fourni des formulaires qu'il devait remplir. Pas de problème. Bing bang, madame est en santé, écrivit-il, me prenant à témoin. Bien sûr, se dit madame. J'étais devenue un peu hypocondriaque durant le cinq heures d'attente, me répétant : « Ça y est, juste comme je me décide à adopter, il va me trouver une maladie mortelle qui va gâcher mes plans. » Eh bien, non ! on pouvait compter sur le manque d'intérêt du bon Dr Charlatan pour ne pas découvrir de maladie ou, plus précisément, pour ne pas en chercher. Il commanda une prise de sang, perdit les résultats évidemment, et oublia de cocher le test du VIH. Mais rien à craindre, comme pour toutes les maladies énumérées au troisième formulaire, il avait inscrit « négatif » à côté de VIH, seulement en regardant le rose de mes joues. Je n'étais quand même pas trop inquiète. Si j'avais eu le sida, je l'aurais attrapé du Saint-Esprit. La dernière fois qu'il était venu, c'était pour concevoir le Messie avec une vierge, et je n'étais ni vierge ni élue. Je pouvais aussi écarter la tuberculose, j'aurais toussé avant.

Deuxième étape franchie de mon dossier : blanc comme neige, vrai comme un dentier.

Recommandations de la banque. Une amie à la caisse rédigea une belle lettre qui mentionnait un solde dans les cinq chiffres. Oui, occasionnellement, toujours avec un moins devant, en rouge.

Au polygraphe, j'échouais. Je me voyais devenir menteuse pathologique. Surtout qu'il me faudrait

encore un peu mentir au sujet des « photos fami-
liales ». J'avais vaguement évoqué mon projet d'adoption et n'avais suscité aucune forme d'intérêt ou de
curiosité de la part de mes parents. Je ne trouvais pas
le courage de l'annoncer fermement et encore moins
de le confirmer en leur demandant une séance de
photos. Les seuls clichés où mon frère, mes parents et
moi figurions dans le même rectangle remontaient
à plus de dix ans. Entre ça et m'inventer une autre
famille pour prendre des photos plus récentes, je
choisis le rajeunissement.

Heureusement, il y a eu quelques vérités : je n'ai
pas de casier judiciaire, je travaille vraiment à Radio-
Canada depuis des lunes, mes « recommandations
morales » ont vraiment été écrites par des profes-
sionnelles qui me connaissent depuis longtemps. Les
photos de ma maison étaient authentiques. Mon permis de conduire, ma citoyenneté, ma carte d'assurance maladie, mon passeport, mon acte de naissance,
mes rapports d'impôt, le certificat de police, la procuration à l'avocate haïtienne, tout était vrai. Même le
notaire qui a authentifié tous les papiers, y compris les
originaux qui venaient du gouvernement. Même
l'ambassade d'Haïti qui a authentifié tous les papiers
que le notaire avait authentifiés, y compris les originaux
du gouvernement.

Sauf…

« Comment le médecin peut-il inscrire "négatif"
pour le VIH sans les résultats des tests sanguins ? »
L'adjointe de l'ambassadeur d'Haïti fouillait mon
dossier pendant que je maudissais le charlatan.

— Bah! ces médecins, on compwend pas leu' papier. Passez à la caisse, me'ci.

Je travaillais beaucoup. Même si, en costumes, près de Noël, on travaille toujours beaucoup, j'avais la certitude que je devais remettre mon dossier à l'agence d'adoption le plus rapidement possible. J'avais assez tardé. Le 16 décembre 2009, je me suis levée au petit matin et j'ai fait le trajet jusqu'à Québec. J'ai déposé mes papiers au grand contentement de la dame (passez à la caisse, merci. Comme je n'avais pas encore à payer la conflictuelle partie « augmentation », elle restait souriante).

L'attente d'une proposition doit ressembler à celle qu'on vit à essayer de tomber enceinte, sauf qu'avec l'adoption on n'essaie rien du tout, on attend. Il n'y a pas d'espoir aux vingt-huit jours, pas d'échec, pas de recommencement, pas de rythme. Rien. En déposant mon dossier bien en règle, Mme Auguste, à l'orphelinat, allait chercher à me jumeler à une enfant. Pour une demande spécifique, comme un bébé naissant ou une fratrie, l'attente est longue. Je n'avais pas d'exigence particulière et le groupe d'âge que je recherchais n'était pas un gros vendeur. Théoriquement, cela m'assurait un délai relativement court, peut-être six mois ou un an.

Ça, c'était pour le jumelage. En Haïti, la véritable attente commence après la proposition. Vous devez patienter parfois jusqu'à cinq ans avant que l'enfant auquel vous avez été jumelé arrive chez vous. Cinq années d'étapes égrenant le temps qui passe, une photo à la fois, parfois. De la paperasse sans fin, des procédures retardées, modifiées, des autorisations qui ne viennent pas, des fonctionnaires qui s'enfargent. J'étais prévenue : « Vous savez, là-bas, c'est pas comme ici… » Oui, mais cinq ans, c'est long quand le temps a un visage qui change.

Il y avait aussi eu une nouvelle étape étrange qui s'était ajoutée. Je devais, quelques formalités après la proposition, aller en Haïti pour signer un document. Un genre de procuration pour l'avocate qui me représenterait là-bas. J'avais déjà signé une procuration. Visiblement, le gouvernement haïtien n'avait pas trouvé mieux pour nous obliger à nous rendre dans le pays dépenser des dollars touristiques et fournir les orphelinats en excédent de bagages.

C'était une étape qui me troublait beaucoup, entre autres choses parce qu'elle n'était pas prévue à la signature du contrat, qui commençait à s'assouplir comme une gymnaste.

Si l'enfant à adopter avait été confié à l'orphelinat après avoir toujours vécu dans sa famille, il avait connu un premier abandon. En obligeant les futurs parents à se rendre en Haïti, et forcément à créer un lien avec l'enfant, on planifiait un deuxième abandon, même temporaire. À moins, bien sûr, d'avoir la force morale de ne pas vous rendre à l'orphelinat rencontrer votre enfant et de se ficher de passer pour un sans-cœur et un avare fini de ne rien lui avoir apporté. Ou encore de lui laisser des cadeaux sans aller le voir et de passer pour un sans-cœur et un matérialiste fini.

J'exprimai mes doutes à la petite dame au gros bon sens. Elle était ahurie. « Vous ne voulez pas voir votre enfant ? Vous avez peur d'aller en Haïti ? » Non, madame, ce qui me fait peur, en ce moment, c'est votre sens aigu de la pédopsychologie.

— Qu'une étrangère se présente avec des cadeaux…

— Oh ! Ne vous inquiétez pas, ils vont vous présenter comme sa maman, ils préparent bien les enfants…

Quasiment rassurant.

— … Qu'une étrangère se présente avec des cadeaux, qu'elle se comporte avec l'enfant comme si celle-ci était le centre du monde pendant quelques jours, puis qu'elle s'en aille les larmes aux yeux en promettant de revenir bientôt, alors que l'enfant ne sait pas la différence entre hier et demain, vous trouvez ça bien ? Qu'on en rajoute en lui demandant d'appeler la chose blanche « maman », que son futur viendra de cette curiosité qui a apporté plus de bébelles que l'enfant n'a eu à manger depuis sa naissance et que cette curiosité, pas plus que sa mère, ne restera pas pour la consoler quand elle sera seule de nouveau, vous trouvez ça « bien préparer les enfants » ? Peut-on espérer ne pas commencer une relation avec une enfant adoptée par une autre déroute, même contrôlée ?

Son air plus qu'ahuri indiquait qu'elle était vierge de ces questions. Je comprends qu'« abandonner » son enfant ne doit pas se dire en créole. Ne pas « abandonner » son enfant, c'est le condamner à mourir de faim ou à mener une existence de misère. Mais ici, on avait réglé un problème ou deux de famine. Les besoins primaires étant comblés, il me semblait normal de se préoccuper des autres. L'agence se devait de protéger les liens fragiles créés par l'adoption. Du moins, les reconnaître. Pour la petite madame au gros bon sens, Maslow n'était pas une pyramide, c'était la traduction anglaise de guimauve avec une faute.

— Dans ce cas, vous ne voudrez pas aller la chercher là-bas… Vous savez que nous avons un service d'escorte…

Miiiiiisère. J'entendais son tiroir-caisse résonner.

— Vous savez, il me semble in-con-ce-va-ble de ne pas aller la chercher chez elle, dans son pays, dans ses racines.

Dans ses odeurs, voir son lit de fortune, ses camarades de vie transitoire. Ressentir la misère, mais aussi la vie de ces lieux de survie. Ressentir *sa* misère, *sa* vie. Goûter ce qu'elle mange, la connaître avec les sens. Me creuser une tranchée jusqu'à elle, ne jamais devoir admettre que j'ai eu peur d'être malade, menacée ou enlevée dans un pays inquiétant…, son pays. Trouver le courage d'aller la chercher n'importe où, elle que je forcerais à tout abandonner pour me rejoindre dans un pays qui lui serait étranger.

La petite madame ne me suivait plus. Je suis très persévérante. Quand je ne me fais pas comprendre, je me dis que j'ai mal choisi mes mots, que mes idées ne sont pas assez claires pour être bien reçues. Qu'avec un peu d'effort je peux clarifier mon raisonnement sinon pour être approuvée, au moins critiquée dans la sincérité et l'ouverture. Avec un brin d'intelligence, si possible.

La langue française est riche. Un mot qui arrache le cœur d'un orphelin peut aussi soulager celui d'un adulte. Avec la dame de l'agence, j'ai « abandonné ».

Mon entourage me disait de ne pas la sous-estimer. Elle allait sûrement s'arranger pour que je sois jumelée à l'enfant terrible de la crèche si je continuais à être marginale et aussi prompte à la remise en question. Je n'avais pas peur : si, aux yeux de la grosse madame au petit bon sens, j'étais différente, elle pouvait bien me jumeler à la différence. On pouvait m'envoyer la diablesse de l'orphelinat, j'étais prête à recevoir cette enfant de l'enfer ou d'ailleurs.

Je suis retournée travailler comme si rien ne s'était passé. Quand on va à New York en voiture, on ne s'impatiente pas au pont comme si on changeait de rive, on sait que c'est long et qu'il faut être patient. Je me préparais à attendre, sans m'émouvoir d'avoir remis mon dossier et en me disant qu'une prochaine fois je prendrais le temps de rester à Québec l'annoncer à mes parents.

La mise au point

Je suis un peu méfiante, réactionnaire et pessimiste. Mais je ne suis pas que ça.

J'ai aussi beaucoup de cœur et de courage, je suis plus déterminée qu'un castor qui construit un barrage en automne. Je ne lâche jamais, jamais mon morceau, peu importe de quoi il est fait. Je n'ai pas la glande du bonheur, paradoxalement, je suis pleine de vie. Je n'ai jamais de regret, toujours convaincue que la lumière est devant. Je pourrais tenir debout même sans jambes. Je ris plus vite que mon ombre.

Quand j'ai décidé d'adopter, je menais une vie de moine. Je travaillais, m'entraînais, bricolais, promenais mes chiens. À part les chips au vinaigre, rien d'aigre dans ma vie.

Je profitais bien tranquillement d'une petite existence sereine, ayant enfin apaisé les bouts plus durs qui m'avaient rendue méfiante, réactionnaire et pessimiste.

L'Immaculée Conception

Ce chapitre aurait facilement pu s'étendre sur un livre ou deux. J'aurais dû attendre, torturée, des mois, peut-être une année ou plusieurs. J'aurais dû tout remettre en question, rappeler deux cents fois les gens de l'agence pour m'assurer qu'ils n'avaient pas perdu mon dossier. Les rappeler, leur dire que je vieillissais. Les rappeler, leur dire que je prendrais l'enfant, peu importe son âge. Les rappeler, leur dire que je prendrais l'enfant, peu importe son sexe. Les rappeler. Les haïr de n'avoir aucun enfant à me proposer. Me demander si j'aurais dû choisir l'autre agence. Leur demander. Leur dire que je voulais la diablesse. Insister pour qu'ils me l'envoient. Et après la proposition, j'aurais eu encore des années, une seule avec beaucoup, beaucoup de chance, à comprendre encore moins bien la lenteur des choses qui n'arrivent pas.

Rien ne s'est passé comme prévu. J'ai eu le temps de costumer la folie des Fêtes. J'ai eu le temps de comparer ma vie à celle des personnages de tous les films qui passent à la télé entre Noël et le jour de l'An. J'ai eu le temps de promener mes deux bouviers bernois et de me demander s'ils vivraient assez vieux pour voir une petite Haïtienne dans leur vie.

Puis, le téléphone a sonné. Le 4 janvier. La dame de l'agence m'a appelée pour me proposer une enfant. C'était inouï, presque brutal. J'avais eu la vanité de croire que l'attente serait moins longue pour moi. Si peu de temps, c'était miraculeux.

Elle n'avait rien d'autre à me dire que son nom, son âge et « êtes-vous contente ? » Elle m'envoyait deux photos par internet, pour me faire patienter en attendant le dossier papier. « Vous allez voir, elle n'est pas très foncée, elle est ambrée. »

J'avais peur de voir son visage « ambré », peur de voir son nom que, dans l'énervement, je n'avais pas compris quatre fois de suite. Je ne me rappelais plus son âge. J'étais à une face de changer ma vie, j'avais peur. Comme accoucher, j'imagine, moins la peur de fendre. J'ai vacillé jusqu'à l'ordinateur.

Plusieurs mois auparavant, en jasant d'adoption, Victor m'avait raconté qu'à une rencontre d'information avant de partir pour la Chine il avait osé la plus audacieuse des questions : « Que fait-on si on te présente ton enfant et que tu as vraiment, vraiment, le sentiment que ça ne devrait pas être celui-là, mais l'autre à côté ? » Qu'il ose mettre en mots une peur si taboue m'avait estomaquée. Comment les autres parents l'avaient-ils jugé ? Ils s'étaient bien gardés de commenter, tous soulagés que quelqu'un ait le courage de nommer ce qu'ils craignaient. On n'ose pas dire ces mots-là, mais quand on a toujours eu le choix, dans la vie, comment ne pas craindre qu'un enfant imposé soit celui qu'on ne voulait pas ? En concevant l'enfant, on ne sait pas non plus ce qui va naître, sauf qu'on ne peut pas nier que c'est le nôtre ! La réponse avait été rassurante. Il semblerait que cela n'arrive jamais, ou presque. Il semblerait que l'enfant mis dans vos bras soit toujours le bon.

Et si c'était moi, le « presque » ?

« Êtes-vous contente ? » La formule me répugne, mais Madame, je ne suis pas contente, « je chie dans mes culottes ».

Dossier Mélodine, TROIS ANS.

Le fichier de la photo a pris un temps interminable à s'ouvrir. Je n'avais plus de salive dans la bouche. Tant mieux, parce que, la gorge lubrifiée, mon cœur aurait pris le tuyau pour fuir.

J'ai éclaté de rire nerveusement en voyant son visage. Ils m'avaient envoyé la diablesse de l'orphelinat. J'ai refermé l'image rapidement, c'était trop d'informations. J'ai eu besoin d'aller faire huit cents pas pour rien. J'étais debout, mon ordinateur est placé sur une table haute. Heureusement, sinon je me serais tuée en me levant d'une chaise.

J'ai ouvert la photo de nouveau : quinze secondes de plus. Son visage était parfait. Parfaitement beau… et colérique. Elle portait un petit chandail de misère à l'encolure échancrée. Une petite épaule toute frêle. Assise à une table, sur une toute petite chaise de bois peinte et devant elle… UNE GAMELLE COMME CELLE DE MES CHIENS.

Fermer l'image. Trop. Marcher, encore. J'aurais eu le même air si on m'avait fait manger dans une gamelle. Il y avait une deuxième photo. Courage. Mélodine était belle, vraiment belle. Mélodine. Il n'y aurait pas trop de lettres, dans ce nom-là? Je comprenais le teint ambré, les tons de la deuxième photo étaient tous étranges, pas seulement ceux de son visage. Étranges comme dans « mauvais développement ». Et puis quoi, la dame au petit bon sens avait peur que je sois raciste, que je n'aime les peaux noires qu'à la condition qu'elles soient pâles? Mélodine Lavoie. Un nom de chanteuse, mélodie la voix. Je cherchais notre avenir dans deux photos. Elle avait l'air résolue, dure, fâchée, fermée. Comme Victor en avait eu la certitude, dix-huit ans plus tôt en prenant Amanda dans ses bras, je n'avais pas à me convaincre, l'enfant lovée dans mon ordinateur était la mienne. C'était troublant comme je me sentais proche de cette étrangère. C'était troublant de penser que de tous les enfants au monde qui ont besoin de parents, on m'avait jumelée à celle qui, comme moi, ne semblait pas prendre la vie pour un bonbon. Sur les deux photos, aucune joie de vivre. J'avais beau me dire qu'elle était dans un orphelinat devant une gamelle, on m'avait envoyé des photos pour me séduire, et assurément, on ne m'avait pas envoyé les pires. Rien à faire, regardé sous tous les angles, agrandi jusqu'aux pixels, son visage était dur. Belle comme une déesse et décidée à ne rien céder. Il ne fallait pas un diplôme en psychologie pour voir que clairement elle n'avait pas de plaisir. Un petit visage rond, un peu bouffi, symétrique et parfait. Des petits cheveux fins, tressés, rares et épars, le genre de petits cheveux qui poussent sur les tempes ou dans la nuque, les plus fragiles, ceux qui font mal quand on les tire. Ses tresses hyperserrées étaient faites en cheveux qui tirent. Ça pouvait aussi expliquer son air.

Je ne savais pas encore la discipline qui régnait à l'orphelinat. Je ne savais pas les deux seuls verres d'eau par jour, l'attente avant que tout le monde soit servi, la prière avant de manger, le silence à la table. Je ne savais pas les crachats entre enfants. Je ne savais pas que sa mère l'avait laissée à la fin du mois d'octobre et qu'elle était en plein deuil. Je ne savais pas que sa physionomie, ses cheveux témoignaient d'un manque prolongé de protéines, de nutriments. Je ne savais pas que, sous la table, ses si petits pieds déjà pleins de corne portaient des chaussures pour la première fois. Je ne savais pas que le petit chandail de misère demain habillerait un autre enfant, que rien ne lui appartenait.

Je ne savais pas et si j'avais su, j'aurais eu honte. Honte de penser que je pouvais juger de notre vie à son seul visage. Honte de penser qu'elle pourrait ne pas me convenir, honte de penser qu'un enfant peut ou ne peut pas convenir, comme une nouvelle acquisition, un nouvel objet. Honte d'avoir tout eu pendant quarante-sept ans et de n'avoir su que me regarder le nombril et nourrir mes peurs. Honte de penser que le risque était pour moi.

En adoption internationale, il n'y a aucun choix. Si vous refusez d'adopter l'enfant qu'on vous propose, le sérieux de votre démarche est remis en question. Avec l'adoption locale au Québec, non seulement on essaie de jumeler des individus qui ont des affinités, mais on fait aussi des essais de compatibilité. J'avais envié cette souplesse, sans en avoir calculé la lourdeur.

Là, devant la photo, je m'estimais chanceuse de n'avoir aucun choix.

Avoir le pouvoir de refuser un enfant, c'est aussi avoir le fardeau de peut-être se tromper. On ne peut pas se permettre de douter en adoptant, on ne peut même pas s'en permettre l'idée. D'abord parce que c'est indécent de «choisir» un enfant. Quand les mères font des enfants, elles n'ont aucun choix, et si la médecine génétique en décidait autrement, seuls les fœtus porteurs de maladies graves pourraient être «éliminés» sans soulever de questions morales. Peut-être même pas. En accouchant, aucune mère ne pense que l'enfant ne convient pas, qu'elle pourrait en préférer un autre. De plus, pouvoir accepter ou refuser un enfant, c'est semer un soupçon d'erreur dans une tête qui n'en a pas besoin.

J'ai respiré un grand coup, j'ai ouvert les photos et je les ai regardées longuement. J'avais toujours peur. C'était sans issue, il ne servait à rien de m'agiter, je devais accuser le coup. J'avais réfléchi, demandé, et c'était arrivé: j'allais être mère et Mélodine serait ma fille. J'aurais voulu n'éprouver que de la joie, mais je n'étais pas comme ça. Ma vie s'était toujours teintée de doute et d'appréhension, maintenant que j'ajoutais une deuxième personne dont je devenais responsable, ça n'allait pas changer.

J'ai regardé les photos plusieurs fois par jour, cherchant des indices de quelque chose, n'importe quoi, son essence, son histoire, ses origines, la certitude que j'arriverais à être sa mère. Mélodine vivait quelque part en 3D, comme moi devant ces images. Je dis souvent que nous sommes tous des pointes d'iceberg, Wikipédia dit des icebergs qu'on n'en voit que dix pour cent du volume, et donc, en clair, nous ne sommes qu'une toute petite manifestation d'un tout plus vaste. On ne voit qu'une très petite partie de ce qui nous définit, jamais la partie occulte, sombre et froide, bien qu'on sache tous qu'elle existe et qu'elle nous fait dériver. Deux photos, c'est à peine une pellicule sur une épaule. Rien de la complexité d'une vie ne s'y voyait et la maigre interprétation que je pouvais en faire n'allait nulle part.

J'ai attendu les papiers, convaincue que je recevrais un dossier plus étoffé sur sa vie. Avait-elle des frères, des sœurs, qui étaient ses parents, qui l'avait élevée, qui l'avait abandonnée ? Avait-elle été aimée, violentée ? Était-elle enjouée ? Comment pouvais-je me préparer ? À quelle difficulté particulière ferais-je face ? Par quel livre commencer ?

Les papiers sont arrivés le 11 janvier. Une photocopie de son acte de naissance rédigé à la main. Elle venait d'avoir trois ans, le 8 janvier. Un rapport médical sommaire. Un formulaire pour accepter la proposition. Et un rappel des frais à payer.

C'est tout ?

Je ne saurais rien maintenant. Peut-être plus tard, peut-être en y allant. En Haïti, ils savaient tout de moi, ma vie, mon salaire, mon travail, mon compte de banque, ma maison, mes amis, mon profil psychologique, mon groupe sanguin. Je ne saurais rien de plus que l'âge (trente-quatre ans) et l'analphabétisme de sa mère (elle avait signé avec son pouce). Que Mélodine était suffisamment en santé pour être adoptable et avait été « donnée » à la fin d'octobre 2009.

L'information n'était pas manquante pour me donner une leçon. Sauf que d'en apprendre si peu sur l'enfant que j'allais adopter en devenait une. Je venais de découvrir une vérité de l'adoption et probablement de la maternité : tu ne reçois pas ce que tu donnes. Oui, je recevrais certainement beaucoup, mais, de un, ce n'était pas un dû et, de deux, ce ne serait pas ce à quoi je m'attendais.

De toute façon, franchement, la seule chose que je souhaitais vraiment, c'était qu'elle soit brillante. Je crois qu'on peut survivre à la laideur, au manque de chance, à la pauvreté, aux injustices, mais, sans profondeur, sans intelligence pour se l'expliquer, on ne vit pas, on existe.

Alea jacta est.

J'ai déposé l'argent dans le compte de ma caisse.

Le 12 janvier 2010 au matin, je me précipite à la caisse pour comprendre avec effroi que, l'argent ayant été transféré d'une autre succursale, je dois attendre au lendemain pour obtenir un chèque certifié. J'ai passé la journée à appeler tout le monde, là, c'était vrai. Le lendemain, je posterais mon acceptation et le chèque. À une journée près, j'étais métaphoriquement enceinte, vers une gestation de quelques années.

Le 12 janvier 2010, à 16 h 53, la vie basculait en Haïti.

Le branle-bas de combat

J'étais au travail quand le tremblement de terre est survenu. Je n'en ai pas compris l'ampleur. À la maison, j'ai regardé la télévision, assommée. Dans la confusion des premières images, le chaos hurlait sans mot à Port-au-Prince. Puis, la nuit. Sans électricité, dans le noir total, tout s'imaginait.

J'ai consulté le site de l'agence, rien. Rien non plus sur celui de l'autre agence. Je me suis couchée inquiète, mais pas trop. J'imagine que le déni est commun à toutes les situations désagréables. Je me disais que Mélodine viendrait quand même chez moi, avec plus ou moins de retard. Elle n'avait pas pu mourir ni même être blessée, ç'aurait été trop absurde.

Au matin, les images d'Haïti étaient angoissantes. La lumière du jour naissant éclairait le pays et mes idées si étroites. La vie, le destin, Dieu avait massacré un territoire incapable de bien se défendre et qui n'avait vraiment pas demandé un extra de misère. Plein de gens avec des petites maisons fragiles avaient perdu leur toit et ceux qui avaient la chance d'en avoir un plus solide en étaient morts. Comment j'avais pu croire que la vie, le destin, Dieu m'aurait fait grâce d'absurdité! Comment la vie, le destin, Dieu aurait pu s'arrêter devant l'orphelinat en se disant: «Ah non! pas ici, je vais peiner une pauvre bourgeoise nord-américaine.» Rien n'arrête le laid et l'absurde. J'étais soudainement très inquiète. Les nouvelles décrivaient la mort, la souffrance, le manque de ressources, le pays étêté.

La crèche est située à deux pas de Port-au-Prince, dans l'épicentre. Je ne savais plus quoi penser. Il y avait, sur mon frigidaire, un petit visage étranger qui n'était pour moi encore rien et tout à la fois. J'étais abasourdie. Qu'est-ce qui lui était arrivé?… J'ai appelé mille fois à l'agence, sans qu'on me réponde jamais. Rien sur internet. Les images à la télé étaient de plus en plus effrayantes, Port-au-Prince était dévasté. C'était difficile de croire que rien n'était arrivé à Mélodine.

J'ai attendu, je ne sais même pas quoi. Toutes les nouvelles en provenance d'Haïti étaient catastrophiques, clairement, l'ampleur du drame dépassait le pouvoir de l'agence. Avec des besoins humanitaires criants et l'aéroport à peine accessible, l'aide allait se coordonner entre Haïti et le Canada. Les parents pouvaient bien réclamer qu'on aille chercher les enfants, il faudrait déterrer les victimes d'abord et s'occuper des survivants après. L'agence devenait tributaire du gouvernement canadien. Sortir les enfants du pays était important, mais ne pouvait pas être la priorité.

J'ai mis à la poste mon consentement à la proposition en me croisant les doigts.

13 janvier 2010

Mme Yvan,

J'ai essayé de vous appeler sans succès. Il n'y a même pas de place sur la boîte vocale. Vous devez être très occupée !

Je vous envoie mon acceptation de la proposition ainsi que le paiement prévu pour vos services. Je retiens cependant la somme destinée à Haïti. Vous conviendrez que les structures en Haïti ne permettent plus de recevoir et d'utiliser cette somme pour le dénouement de mon dossier comme il était prévu avant le séisme.

L'argent reste disponible et j'attends avec impatience les décisions du gouvernement canadien face à la catastrophe. J'attends de vos nouvelles pour la suite des choses.

Siffloter comme si rien n'était arrivé, penser que la petite arriverait un jour plus ou moins proche, saine et sauve. Je crois que j'ai profité de ce moment pour téléphoner à ma mère. Le contexte était tellement incertain, je ne pouvais pas encore lui dire avec certitude qu'elle serait grand-mère…, pas vraiment.

Comme chaque fois que j'ai peur, j'ai supposé le pire pour savoir si je pouvais vivre avec. C'est une démarche qui me rassure ; au lieu d'échafauder plein de scénarios d'horreur et de me torturer à m'imaginer les vivre un après l'autre, je vais directement à la probabilité la pire. La plupart du temps, la situation est envisageable même dans sa forme la plus enlaidie.

Cette fois, le pire n'était pas joli. Était-elle morte? Était-ce le pire? Était-elle sérieusement blessée? Handicapée? Démembrée, dévisagée? S'il m'était donné le choix, qu'est-ce que je ferais de mon engagement?

J'ai passé quelques jours pas trop jasante, l'œil vide. Les images d'Haïti s'additionnaient, désastreuses. Et toujours pas de nouvelles. Beaucoup de temps pour réfléchir. Qu'est-ce que je fais, au pire? Est-ce qu'une mère dit «non merci» quand elle voit, à l'accouchement, que l'enfant ne va pas aussi bien que prévu? Paralysie cérébrale, trisomie, malformation congénitale, qu'est-ce qu'une mère en fait? Est-ce que si on avait un accident sur la route de l'aéroport, en revenant d'Haïti, je la retournerais à l'agence en disant qu'elle est déjà cassée?

Cette enfant viendrait chez moi peu importe son état, cette enfant avait maintenant une maison et je l'attendais. Il n'y avait que la mort pour m'arrêter, ce n'était plus un choix, ce n'était que le respect d'un engagement.

Puis, enfin, un téléphone. C'était l'agence, aucun des enfants n'avait été blessé. La maison était fissurée, les enfants devaient rester dehors, dormir sous des tentes et des abris de fortune. La nourriture, l'eau et le lait se faisaient rares. Autrement, les mêmes inquiétudes que partout au pays.

Fiououououououououooze.

Soulagée sans être au bout de mes peines. Qu'est-ce qui allait se passer? L'agence n'avait pas encore reçu mon consentement ! À tous ceux qui me demandaient « comment va ta fille ? » je répondais : « Elle va bien, elle arrive la semaine prochaine ou dans douze ans. » Je n'en avais aucune idée. Dans les journaux et à la télévision, on commençait à voir et à entendre des parents adoptifs inquiets. Ils étaient impatients qu'on aille chercher les enfants. J'étais terrorisée, ces parents-là attendaient des enfants depuis des années, ils étaient prêts à tout.

Pas moi !

Je n'osais rien entreprendre, mon dossier était si peu avancé, en Haïti. J'avais peur de me préparer, peur que mes efforts me portent malchance. J'étais figée comme un lièvre qui voit des phares sur la route. Les gouvernements provincial et fédéral s'arrachaient la couverture. Qui paraîtrait mieux, qui apporterait le meilleur soutien, ferait preuve de la plus grande bienveillance. Les parents déchiraient leur chemise. Je me tenais sous les radars, comme un imposteur.

Mon amie, chef d'antenne à Radio-Canada, partait pour Haïti. J'ai dû aller lui chercher des vêtements d'été. Une autre journaliste que je ne connaissais pas partait aussi couvrir le séisme et devait se rendre à l'orphelinat où Mélodine vivait. Au téléjournal, on avait suivi les démarches d'une maman qui était sur le point d'aller chercher son enfant avant le séisme et qui dénonçait la lenteur des gouvernements à agir. Sa fille venait de la même crèche que Mélodine. J'étais bénie. Non seulement j'aurais des nouvelles par les reportages, mais en plus, mon amie me promit de tout essayer pour se déplacer et aller voir Mélodine. C'était beaucoup mieux que l'agence, presque muette.

Mon amie fut bouleversée par la situation. Elle s'empressa toutefois de me rassurer par courriel : les enfants étaient aussi bien traités qu'ils pouvaient l'être. L'armée canadienne veillait sur la crèche (pillage oblige) et faisait l'impossible pour leur fournir du lait et des vivres. Même la journaliste que je ne connaissais pas me donna des nouvelles de Mélodine. J'étais immensément bénie. Le pays était chaotique, des bouts de personnes dépassaient des décombres, on creusait à main nue pour dégager les morceaux humains. L'odeur, la chaleur, tout était suffocant, et quand la nuit noire tombait en silence sur la ville, la peur s'amalgamait à l'horreur. Mon amie, qui pourtant en avait vu d'autres, était atterrée.

Le téléjournal présentait des topos sur les crèches et les enfants. C'était la première fois que je voyais autre chose que des photos bien mises en scène de « ma » crèche. Il y avait le soleil, des fleurs et des enfants qui jouent. Outre Mme Auguste qui pleurait comme une Madeleine et les fissures du bâtiment que la caméra racoleuse cherchait, il n'y avait aucune figure de désastre. Ce n'était pas le cas de toutes les crèches d'où provenaient d'autres images : celles d'enfants endormis parmi les mouches, les matelas dénudés dans des camions, les jeux dans les détritus.

Je suis pragmatique. Mélodine allait bien, elle ne dormait pas avec les mouches, la couche pleine. L'armée veillait sur la crèche. Des parents de pays riches faisaient pression pour que les enfants sortent du pays désolé. Les gouvernements rivalisaient pour bien paraître. C'était quand même le mieux du pire. Je n'avais qu'à attendre. Je ne savais pas quoi, mais j'attendais.

L'attente longue? Pas pour moi... J'ai reçu un appel inespéré, c'était, je crois, le 20 janvier. On m'invitait, le vendredi 22 janvier, à une rencontre avec la ministre des Services sociaux, Lise Thériault. Je n'en croyais pas mes oreilles. Les gens de l'agence allaient vraisemblablement chercher les enfants. Est-ce que je faisais partie des parents qui verraient leur enfant ou non, au contraire, on allait m'annoncer qu'ils ne pourraient pas la ramener parce qu'absolument AUCUNE démarche n'avait été entreprise pour qu'elle émigre?

Je ne savais plus quoi penser. C'était presque impossible qu'ils laissent Mélodine à la crèche et qu'ils ramènent d'autres enfants. D'un autre côté, aucun formulaire n'avait été rempli, aucun papier signé, aucun examen médical n'avait été fait pour qu'elle puisse traverser les frontières. Allaient-ils permettre à tous les enfants en crèche de sortir? De toute façon, où étaient conservés les papiers que les parents adoptifs avaient mis des années à récolter? Au palais présidentiel effondré? Dans les immeubles détruits? Qui pouvait ramener les enfants? Où allaient-ils tracer la ligne entre ceux qui pouvaient et ceux qui ne pouvaient pas venir? Comment, dans un fouillis pareil, s'assurer que tout était fait convenablement?

Je commence toujours par le problème le plus urgent. À partir de cet appel, je suis devenue confuse sur l'ordre des priorités. Ce n'était pas encore confirmé, mais si Mélodine arrivait, j'étais un peu dans le trouble.

J'habite une maison de 1885 dont la seule pièce non rénovée allait devenir sa chambre. Non rénovée depuis 1885, ça veut dire un peu plus que repeindre les murs. Les gens présentés à l'enfant à son arrivée deviennent des racines. Ils doivent rester dans leur vie, sinon pour toujours, du moins pour très longtemps. Qu'est-ce que j'allais faire d'Alain, mon ex-conjoint qui traînait de nouveau dans la maison, et de Lou, sa fille de dix-sept ans, qui n'avait jamais cessé d'habiter avec moi? Évidemment, zéro meuble d'enfant, zéro vêtement, zéro préparatif. Et un travail, pas un congé de maternité, un travail.

Oh, oh.

Je suis redevenue pas très jasante, l'œil vide. Dieu merci, j'étais affectée aux *Moquettes Coquettes*, un show de femmes, produit par des femmes. Je pouvais être zombie tranquille, elles comprenaient mon état. Quand je me suis présentée à la rencontre, j'avais laissé tomber mon corps. Plus d'énergie pour faire circuler du sang ailleurs qu'au cerveau et l'incendie dans mon estomac gardait mes organes au chaud à défaut de réchauffer mes extrémités glacées.

Je suis arrivée tôt à la rencontre. De toute façon, j'étais inutile au travail. J'avais choisi d'être seule, toujours plus facile de se recentrer sans interférence. À compter sur les autres pour me soutenir, j'ai moins tendance à rester debout. Il y avait beaucoup d'agitation dans la salle, qui était interdite aux journalistes. Un moment très émouvant s'annonçait... La ministre s'est mise à parler, les mots parvenaient lentement à mon cerveau, comme distillés. Puis, le choc: tous les parents convoqués allaient voir leur enfant arriver dans les prochains jours. Le gouvernement canadien allait tous les chercher. Certains trouvaient à rouspéter, disaient que c'était tellement tard. D'autres jubilaient, pleuraient. Moi, j'entendais au ralenti. Les enfants arriveraient dès dimanche, chaque parent serait contacté vingt-quatre ou quarante-huit heures avant que son trésor embarque dans l'avion.

Je ne suis pas religieuse, en fait, je jure tellement que j'évite de croire que Dieu existe parce que mon degré d'offense lui serait intolérable. Je ne suis pas religieuse, mais je me suis mise à prier. Dieu, mon grand-père mort au ciel, la vie, le destin, Bouddha, Mickey Mouse. N'importe qui, au secours ! Si Mélodine devait arriver dimanche, je serais la mère la moins préparée de toute l'histoire de l'adoption, depuis que le mot avait été inventé.

Je suis repartie aussi effondrée qu'un building au cœur de Port-au Prince. Si seulement je savais par où commencer...

J'ai appelé Alain, il était au Chili, et je lui ai lancé un ultimatum. Nous avions envisagé qu'il se construise une petite maison sur un bout de mon terrain. Ç'aurait été une maison très urbaine, étroite ; nous aurions profité tous les deux du reste du terrain, du jardin, de la vie et de sa fille ! Lui, sa nouvelle conjointe et sa fille Lou auraient été des personnes importantes dans la vie de Mélodine. Il devait se décider maintenant... et ne pas changer d'idée. J'avais toujours été plutôt souple. Alain et moi formions une belle équipe et j'étais très attachée à Lou. Pourquoi ne pas partager quelques années encore tout proches ? Sur le coup, il était encore sûr de son choix, mais les choses changeaient, s'il voulait rester dans la maison il devait être certain qu'au printemps il construirait à côté. Ça impliquait aussi qu'il fasse du camping de façon régulière dans la maison, jusqu'à la fin des travaux de construction, pour que Mélodine perçoive la stabilité, même si la situation n'était pas commune. Il n'aurait plus le choix, il devrait rester pour un moment. Il est revenu du Chili, je crois le samedi. J'avais commencé à bouger les choses de son bureau qui allait devenir la chambre de Mélodine. Le dimanche, j'ai démoli les murs jusqu'aux briques extérieures. Pas chaud, pas propre et surtout affolant, et si je recevais le coup de fil m'annonçant son arrivée ?... Je suis désolée, sa chambre ressemble à tout ce qu'il y a de cassé en Haïti. Je devais détruire et reconstruire ! Isoler, refermer, tirer les joints, peinturer, sabler le plancher... Alain s'était bizarrement absenté. Vers dix-sept heures, j'ai paniqué. Je suis allée voir Martin, un aimable voisin, habile bricoleur et généreuse personne. Le masque de poussière aidant, j'avais une face de raton laveur qui doit traverser l'autoroute. La femme et les enfants de Martin se moquaient gentiment de moi, j'étais agitée, je n'arrivais pas à faire une phrase complète et cohérente. Martin n'a pas ri.

Il a compris mon affolement, il m'a dit : « Demain, je suis chez toi, je m'occupe de calculer et de commander les matériaux. Je vais t'aider. »

Martin, un ange de la construction, comme à la télévision. Il a laissé tomber tout ce qu'il faisait pour m'aider. Comme la mer Rouge de Hollywood s'était fendue pour laisser passer Ben Hur, Mélodine s'en venait chez moi, en dépit des étapes non franchies de l'adoption, de mon manque total de préparation, et même de ma maison qui ne pouvait l'accueillir. Je n'étais pas une intime de Martin, mais nous avions en commun un certain mal de vivre. Les gens souffrants forment une confrérie empathique et pour peu qu'on se dévoile, l'aide et la sympathie sont acquises. Peut-être qu'il venait par simple altruisme, peut-être que c'était sa fibre paternelle qui palpitait. Il venait m'aider à fendre la mer Rouge et j'avais grand besoin de cette aide.

Ce soir-là, deux amis, Judith, ma précieuse voisine, et Mario, sont venus m'aider à sortir les tonnes de débris de la chambre mise à nu. Alain, qui avait toujours été mon meilleur ami, même en n'étant plus mon conjoint, devenait évasif, venait m'aider un brin et repartait. Je ne m'expliquais pas son détachement et je n'avais pas le temps d'en être tracassée... Le choc a été total. Entre deux sacs à vidanges, il m'annonça qu'il renonçait à construire dans la cour et qu'il s'en irait dans le courant de la semaine en emportant un des deux chiens.

Je me suis couchée anéantie sans le savoir. Je n'avais jamais vu ma vie sans lui, peu importe ce qu'il aurait représenté dans ma vie. Il était mon ami, mon frère, mon confident, même sans être mon amant. Je ne me voyais pas sans Lou, sa fille avec qui j'avais partiellement vécu pendant treize ans. Tous les deux, ils avaient été ma famille, alors que je m'étais éloignée de mes parents et de mon frère. Je ne me voyais pas sans eux. Mais je n'avais vraiment pas le temps de m'en rendre compte.

J'étais trop stressée.

Rénover la chambre était ma seule préoccupation. Il n'y avait aucune isolation et ça me semblait inconvenant pour un petit corps haïtien qui connaîtrait son premier hiver. On dit tellement qu'il faut la plus grande stabilité avec les enfants adoptés que je ne me voyais même pas transformer sa chambre plus tard. Et puis, théoriquement, je n'aurais plus de temps pour rénover. C'était un pari audacieux de croire que je pouvais finir avant qu'elle n'arrive. Une chose à la fois, le problème le plus urgent d'abord. Bâtir une chambre ? Trouver et former une remplaçante pour mon travail ? Acheter des meubles, des vêtements, des jouets ?

Martin viendrait demain.

Heureusement que j'avais participé à un atelier préadoption. Je me souvenais que les enfants arrivent en état de choc et qu'on doit prévoir un gros soixante-douze heures de difficulté. Puis, trois mois de cocooning, seule avec l'enfant. Que « faire garder » est impossible, que sortir de la maison est difficile et que de vivre un quotidien routinier, ennuyeux et sans surprise est une excellente idée. Je devais être prête pour une bonne semaine de retranchement, après on verrait.

Je n'ai pas dormi, cette nuit-là, et pas trop les suivantes. De toute ma vie, je n'ai jamais été aussi efficace, je ne perdais pas une seule seconde. Je travaillais de nuit, aussitôt que Martin avait posé les panneaux de gypse, je tirais les joints, merci à mes talents de castor, un tireur de joints professionnel ne serait jamais venu à temps. Alain m'aidait de façon sporadique. J'étais déroutée de ne plus l'avoir à mes côtés, il avait toujours tellement été là. Lou me rendait visite dans la chambre en chantier, on pleurait un brin, pas trop. Je n'avais pas le temps pour sa peine ni pour la mienne. Elle se percevait comme la sœur de cette enfant à venir. Qu'est-ce que cette relation allait devenir? Elle devait, elle aussi, se décider, rester pour longtemps ou suivre Alain et partir? C'était affreux.

Pas le temps d'y penser.

J'étais terrorisée chaque fois que le téléphone sonnait. La nuit, entre deux couches de plâtre, je planifiais le lendemain en espérant que Mélodine n'arrive pas tout de suite. Je devais être la seule maman à souhaiter que son enfant arrive en dernier. Judith me faisait des courses, courait les draps, les bébelles, les vêtements. J'aurais tellement souhaité tout préparer moi-même, perfectionner chaque détail, avoir le temps de mettre des étoiles en paillettes sur le trottoir. J'étais à des kilomètres de l'accueil parfait. Si je pouvais seulement approcher le minimum. J'ai téléphoné au CLSC pour savoir si quelqu'un pouvait me recevoir et me donner un cours condensé sur l'adoption catastrophe par une mère catastrophée. J'avais tellement besoin qu'on me rappelle les priorités et les règles fondamentales du parent adoptif. Encore une fois, je n'étais pas dans la dentelle, mais dans l'urgence. J'ai été chanceuse, on a trouvé le temps de me recevoir, et j'ai aussi trouvé le temps de m'y rendre et surtout l'espace cérébral pour retenir quelque chose. Moi qui suis pointilleuse, bâcler des préparatifs si importants m'était douloureux.

Pas le temps d'y penser.

Pendant que le plâtre, la peinture ou le vernis du plancher séchait, quand le lendemain était planifié, j'errais dans la nuit. En partant pour de bon, Alain me laissait seule à payer les frais de la maison. Je n'avais plus, devant moi, des années pour amasser des sous et planifier des dépenses d'adoption. J'allais recevoir un plus petit salaire en congé parental et, pour l'instant, l'argent sortait de mes poches comme des asticots d'une côte de porc au soleil. Je m'endormais avec des chiffres plus gros que mon lit. Est-ce que j'étais triste, furieuse, seulement inquiète?

Pas le temps d'y penser.

Une semaine a passé, en coup de vent. Martin a travaillé comme un forçat tous les jours à isoler, fermer les murs, installer les luminaires. Alain venait, parfois, sans que je sache d'avance quand. Je ne comptais plus sur lui. J'avais encore une fois laissé tomber mon corps. Ignorer l'épaule qui brûle, ignorer le sinistre dans mon œsophage et mes intestins, manger peu et avoir mal à la tête beaucoup. Roter de l'air. Plâtrer, peinturer, sabler le plancher à genoux avec ma sableuse à bande, vernir, me relever la nuit pour des couches supplémentaires, peindre les murs. Travailler, finir la chambre. Acheter un lit, me trouver un lit de camp pour dormir dans sa chambre près d'elle. De jour, en plus de livrer les costumes pour les émissions en cours, donner toutes les informations à ma remplaçante. Appeler pour recevoir les prestations de l'assurance parentale. Remplir des formulaires pour ne pas manquer d'argent. Dépenser.

J'étais désolée d'arrêter de collaborer avec les Moquettes Coquettes.

Pas le temps d'y penser.

J'aurais dû craquer. J'étais incapable d'obtenir de l'aide, d'abord, je ne suis pas douée pour en demander et si quelqu'un répondait « aujourd'hui, je ne peux pas, veux-tu que je vienne après-demain ? » il était déjà trop tard. Je venais de perdre du temps au téléphone à expliquer la situation. Il n'y avait qu'une façon d'être un peu prête quand le téléphone sonnerait : foncer. J'ai mené de gros projets, au théâtre et à la télé, quand le rideau se lève, le show se fait en costumes, jamais en excuses et en bobettes. J'ai déjà travaillé de nuit, de jour, sans manger, sans m'arrêter, en ignorant mon manque de sommeil, mon stress, ma faim et mes bobos, cette fois, me sacrifier était presque insuffisant. Je peinais à contenir mon anxiété.

Martin me disait de prendre garde. Le soir, tard, avant qu'il ne parte, nous nous asseyions sur l'aspirateur ou sur les boîtes de plâtre pour manger des sandwichs au fromage. Il me disait de ne pas respirer la vieille peinture au plomb que je décapais, de porter un masque pour sabler les planchers. De dormir. J'étais touchée qu'il se soucie de moi plus que je ne le faisais. Comment le remercier ?

— Prends soin de toi, ma belle. Un jour, je serai comme toi, dépassé, triste, fatigué ou perdu, je reviendrai ici. Tu m'écouteras à ton tour, pendant qu'on mangera des sandwichs au fromage. Repose-toi, ma belle.

Martin avait raison. J'aurais dû m'économiser.

Il restait encore les fameuses soixante-douze heures de choc à traverser, mais après, on aurait trois mois de cocooning. Je pourrais me reposer, profiter de petits dodos tranquilles, prendre le temps de la connaître. Je me rendais compte que, dans tous les impératifs domestiques, il n'y avait pas eu un seul moment pour « ME préparer à la venue d'un enfant ». Que pouvais-je y changer ? Après les soixante-douze heures de choc, j'apprivoiserais aussi la maternité.

Pas le temps d'y penser.

Vendredi 29 janvier, téléphone. Son arrivée était prévue pour le dimanche 31. Mon interlocutrice a dû tout me répéter trois fois. Je tremblais tellement que j'entendais en code morse. Non seulement je n'entendais pas bien, mais encore je ne comprenais rien.

J'avais presque terminé le minimum. Un dernier tour de piste dans les magasins, acheter tout compulsivement : brosse à dents (un enfant, ça prend du dentifrice ?), crèmes, couches (Je ne sais pas changer des couches !), savons, médicaments, tout en cas de tout. Ma seule amie maman m'avait dressé une liste de survie. Puis, bottes d'hiver, choix de pointures, manteaux d'hiver, choix de tailles, tuques, mitaines, housse de lit en plastique en cas de fuites, draps d'extra, banc de bébé, du manger, du manger, du manger. Qu'est-ce que ça mange, une petite Haïtienne ?

J'ai pensé au dernier, dernier détail : aller chercher des calmants pour le chien. Je présumais qu'en Haïti les chiens devaient avoir aussi faim que tout le monde et ne pas se gêner pour obtenir une ration de quelque chose. Aussi, à voir les réactions des Haïtiens devant les chiens, je me suis dit que Willy n'aurait pas la cote auprès de Mélodine. Mieux valait le calmer un peu.

J'ai appelé ma mère avant d'aller au lit. Elle pouvait bien être d'accord ou ne pas l'être, ça n'avait plus d'importance. Je devenais capitaine de bateau, je n'étais plus mousse sur le sien. Et je devais ramer.

J'ai passé la dernière nuit de mon ancienne vie à ne pas dormir. J'ai regardé longuement la lune, l'astre pour calmer. Je l'avais toujours trouvée efficace pour remettre en perspective la futilité de mes agitations. Peu importe mes émois, la ville ou le moment, elle était toujours là, lumineuse, comme elle l'était bien avant moi et comme elle le serait encore bien après moi. J'étais épuisée, j'ai capitulé, une heure ou deux. J'ai imploré ma force, la vie et mon grand-père au ciel de me guider.

Je ne savais tellement pas où j'allais et j'y allais tellement.

La rencontre du troisième type

Mélodine est arrivée le dimanche 31 janvier à seize heures, à Ottawa. Neuf jours après que j'ai eu compris qu'elle viendrait. Vingt-sept jours après la première incarnation.

Mon ami Victor m'avait fait l'honneur de m'accompagner. Nous avons parcouru le trajet tranquillement. Victor se rappelait le voyage qui l'avait mené en Chine, chercher son Amanda. Je me demandais à quoi je n'avais pas pensé et qui allait me manquer dans les soixante-douze prochaines heures. Nous étions attendus dans un petit aéroport fédéral d'Ottawa. Je ne savais pas trop où nous étions, heureusement qu'il conduisait. C'était un aéroport pour accueillir des dignitaires et du cargo. Moitié tapis, moitié hangar. Il faisait très, très froid, je n'ai pas pu avoir d'expression sur le visage en franchissant la porte d'entrée la plus laide au monde ; j'avais les traits gelés. Bienvenue au Canada.

La grosse dame au petit bon sens se tenait à l'entrée, excitée comme une puce obèse. Elle semblait prendre les présences, comme si un seul parent avait pu manquer ce rendez-vous et mériter un pensum. C'était un peu chaotique, comme l'avait été tout le reste. La seule chose évidente était que nous serions là longtemps. Les adoptants se promenaient hagards, impatients d'apercevoir l'avion sur la piste. Nous ne savions pas vraiment comment les choses se passeraient, parfois, quelqu'un montait sur une chaise pour expliquer quelque chose d'inaudible. Le temps de se rapprocher, il fallait se contenter des versions répétées de travers par des parents trop énervés pour être fiables. Je finis par comprendre qu'il y aurait une étape « immigration et papiers », sur le tapis, puis un examen médical sommaire dans des autobus médicaux garés dans les hangars glacés. De la file et de l'attente en perspective. J'essaie toujours d'être le berger, mais si je finis dans le troupeau, j'aime mieux être un mouton tranquille. Je ne connaissais personne et je n'étais pas venue me faire des amis ni des ennemis. Attendre, contrairement aux autres parents, je l'avais si peu fait.

J'étais trop crevée pour faire les cent pas. Je pouvais me reposer, enfin. J'avais réussi mon pari, sa chambre était acceptable, très dénudée, rose, chaude et propre. J'étais remplacée au travail, j'avais une valise pleine d'affaires d'enfant. J'avais réussi à grappiller le minimum pour tenir les soixante-douze heures de choc.

L'avion s'est pointé devant les immenses vitres dans un impressionnant nuage de fumée de froid. Un coucher de soleil orange baignait la pièce remplie d'anxieux. Comme la lune, la lumière apaisante d'un astre plus gros que toutes nos angoisses réunies me calmait.

J'ai eu un vertige infini en voyant la porte de l'avion s'ouvrir.

Ma gestation avait duré un peu plus longtemps que celle de la souris et un peu moins que celle de la lapine et j'étais à quelques minutes d'accoucher d'une enfant noire. J'avais pris un brin de répit, mais en voyant les enfants emmitouflés descendre de l'avion dans les bras de bénévoles, j'ai refait de l'accéléré. J'allais devenir une maman, là, maintenant. Je serais forcée, là, d'avoir une petite dose d'humanité jusqu'à la fin de mes jours. Tout mon questionnement, mes hésitations resteraient à jamais sur le tapis sale d'un aéroport d'Ottawa. Tous mes débats étaient finis, je m'engageais, là, maintenant et pour toujours.

J'avais les yeux embués quand elle est arrivée. Je ne sais pas si je l'ai reconnue, qui m'a appelée par mon nom, si j'ai piétiné la bénévole qui l'accompagnait. Des voix ont traversé quatre galaxies pour que j'entende que le voyage s'était bien passé, que Mélodine n'avait pas dormi une seule minute et qu'elle avait mangé sans trêve. Je ne savais pas où était Victor à côté de moi. Ma tête tournait, j'aurais pu turbiner assez d'énergie pour chauffer un village inuit.

J'ai pris Mélodine dans mes bras. Elle souriait, j'ai souri. Elle a ri, j'ai ri. Elle a eu un fou rire, j'ai fou ri. Je me disais, c'est fini, ma belle, tu es arrivée, ta terre d'accueil est généreuse, je serai ton guide. Ris, ma belle. Nous avons tourné sur nous-mêmes, comme dans un film.

Elle s'est arrêtée, m'a regardée, inquiète ou intriguée. Je n'ai peut-être pas été très bonne pour la rassurer. Je ne savais pas moi-même qui j'étais à cette minute-là. Elle s'est mise à pleurer et à me repousser. Je l'ai déposée par terre avant qu'elle ne s'éjecte elle-même, entre une plante et un sofa. Elle donnait des coups de pied et de bras, elle hurlait à pleine bouche. J'ai regardé Victor, désemparée, et nous nous sommes agenouillés. Nous avons attendu qu'elle se calme, la protégeant d'enjambées maladroites.

J'ai pris le temps de la regarder. Je l'ai trouvée encore plus belle, malgré la tempête qui mouillait son visage. Elle avait toujours ses petites tresses de cheveux qui tirent. Elle portait des chaussures trop grandes, des vêtements mi-saison dépareillés et trop grands, des vêtements qu'elle n'avait certainement pas portés en Haïti, et, par-dessus, un t-shirt rouge unifolié, gracieuseté canadienne. Elle tenait un affreux toutou western neuf qui n'avait jamais été aimé, un bâton lumineux éteint que tous les autres enfants avaient aussi. J'ai pris le temps de regarder les autres enfants. Ils étaient joyeux, souriants, sans expression, ou, au pire, maussades. Aucun ne se roulait dans les plantes.

Est-ce que j'avais eu la diablesse ?

Peut-être. J'ai toujours eu beaucoup d'empathie pour les enfants-bacon, ceux qui se font frire sur les planchers publics. J'ai toujours pensé qu'ils étaient victimes d'incapacité parentale. Sur le tapis ontarien, je ne pouvais m'empêcher d'avoir une petite gêne, après tout, j'étais la seule qui n'avait pas de succès avec son enfant. En même temps, malgré mon insistance à me lancer la pierre, je devais bien convenir qu'à sa place j'aurais fait pareil et que je n'y étais pour rien.

Sa journée avait dû être épuisante. Partie tôt le matin, Mélodine avait dû attendre un temps inconvenable à l'ambassade canadienne et à l'aéroport d'Haïti, probablement dans une chaleur de cuisson. Dans l'avion, je n'aurais pas dormi non plus, à cause du manger soudainement abondant, et par méfiance. L'avion, c'est quand même une idée abstraite, surtout à trois ans. «Donnée» avec rien à la fin d'octobre, c'était un peu violent d'être «donnée» de nouveau avec rien, sans une trace ni de la vie qu'elle avait commencé à oublier ni de celle qu'elle avait dû recommencer. Finalement, après la misère, la famine, l'abandon, les nouveaux amis, Mme Auguste, les nounous, le séisme, les pleurs et les peurs des adultes, encore la faim, le départ, l'avion, les bénévoles blancs, le froid sur la piste, le nouveau tas de nouveaux Blancs, l'excitée tout heureuse et pas si ragoûtante, j'aurais dit, moi aussi, c'est assez. On ne demande pas autant de courage à un adulte sans qu'il se rebute.

Ma fille n'était pas la diablesse, les autres enfants manquaient de lucidité. J'étais en paix avec sa colère et totalement impuissante à l'apaiser. Hurle, ma belle, hurle à pleins poumons.

Des bénévoles ont distribué du chili, du riz et des petits pains. Fête au village. Mélodine a repris de l'humeur, elle a mangé une quantité gargantuesque de tout. Minutieusement, avec une dextérité étonnante, elle attrapait chaque grain de riz, chaque miette qui lui échappait. La fourmi est une gaspilleuse à côté d'elle. Victor et moi faisions discrètement disparaître ce qui tombait sur le tapis pour éviter qu'elle ne le porte à sa bouche... Mange, ma belle, mange tout à satiété.

Nous attendions, toujours dans les plantes, qu'on nous appelle pour une formalité d'immigration. Rien à faire que la regarder. Je ne me lassais pas de la regarder. Elle parlait créole, moi pas du tout. J'avais bien imprimé un petit lexique que mon accent et son jeune âge rendaient inutile. J'avais adopté un petit trésor sans clé. Comment l'approcher? Comment lui expliquer ce qui arrivait, comment établir le contact? Je ne me lassais pas de la regarder, fascinée par l'ampleur du défi, avide d'indices. Je me suis dit qu'il n'y avait qu'une solution: Patience et Temps avec un grand P et un grand T. J'ai pensé à l'amour inconditionnel des parents adoptifs et je me suis demandé de quoi il pouvait être fait. On ne peut pas aimer sans réciprocité, sans risque. Pour moi, l'amour, c'est ce qu'on donne à une personne et pas à toutes les autres. Ce que je pouvais donner à Mélodine, là, je pouvais le donner à tous les autres enfants du même avion: de bons soins, de la tendresse, du temps, de la chaleur, de l'affection. L'amour, comme l'attachement, viendrait plus tard et la rendrait unique, mais pour atteindre ce moment, j'aurais besoin de ne pas m'offusquer des coups de pied reçus, agenouillée sous les plantes, et n'espérer rien d'autre qu'un rot de chili.

Je ne sais plus combien de temps nous avons attendu, et de grands bouts, je ne savais pas quoi, non plus. Je me suis retrouvée sans Victor devant un fonctionnaire de l'immigration avec Mélodine qui tentait de m'expliquer en grands gestes et en créole qu'elle voulait faire pipi. Ou qu'elle voulait encore du chili, pas sûre. J'ai misé sur les toilettes, abandonnant le fonctionnaire exaspéré afin de remplir bravement mon premier devoir de mère. Bravement et de travers. La chose que je n'avais pas apportée et qui me manquait m'a sauté aux yeux. Elle portait des couches. Aux toilettes, il y en avait des montagnes. Merci, Canada. J'ai dû lui expliquer que, de toute ma vie, je n'en avais jamais vu de proche et que je devrais lire les instructions. Elle m'a arraché la couche des mains, vraiment arraché. Je ne crois pas qu'elle avait saisi mon aveu d'ignorance en mots, mais, au mépris dans ses yeux, j'ai compris qu'elle avait compris. Elle s'est assise sur la toilette, a fait pipi, s'est essuyée, a retiré sa couche, mis l'autre, l'a attachée sur les côtés et m'a tendu la souillée. Sans cesser de soutenir mon regard. Je me suis fait la remarque qu'avec une lucidité pareille elle aurait mieux fait de ne pas en porter. Peut-être qu'elle n'avait pas encore la force musculaire de se retenir. Peut-être que j'étais un peu ignorante. Je n'ai pas eu une bonne note pour mon intervention, au moins, je n'étais pas allée chercher du chili.

Le plus difficile de l'expérience, en plus de mon manque d'information, c'était de constater que «ma fille» était avant tout une étrangère. Je suis une personne un peu privée, pas au sens de pudique ou secrète, je pense que nous sommes tous des pays et qu'il faut des autorisations pour traverser les frontières. Visiblement, je devais accélérer ma demande de visa. Je ne savais pas l'incongruité de cette forme de gêne quand elle s'adresserait à un enfant et, de surcroît, à ma fille. Elle n'avait eu aucune hésitation à se mettre en fesses et, pourtant, je n'arrivais pas à m'inviter dans son intimité. Je devais bien avoir une heure ou deux pour trouver une façon d'être utile en tant que mère et de résoudre ma conflictuelle violation de son intimité.

Nous avons obtenu en plusieurs copies des papiers temporaires d'immigration. Je m'en foutais, je voulais m'en aller. Nous n'étions pas en Ouzbékistan avec du pavot plein les poches. Nous étions chez nous, sans inquiétude autre que de rentrer avant la grande fatigue. Après l'épisode des plantes, mon instinct me disait que je pouvais m'attendre à pire avec l'épuisement final. Je ne voulais pas voir ça, d'autant plus que je bénéficiais d'une confortable accalmie présageant une enfant allumée. Assez allumée pour me mépriser un brin aux toilettes avec une couche.

Restait le test médical. Bon, je peux comprendre qu'on ne rentre pas des animaux exotiques à pleine porte, des insectes ou des plantes. Mais des petits enfants arrachés à la misère, exténués, exempts de bubon et de mousse de bave ne présentaient pas un grave danger pour le Canada, surtout que l'examen était plus une formalité qu'une réelle recherche de menace. J'aurais pu l'examiner moi-même avec mon diplôme de charlatan : petite fille de belle façon, animée, œil vif.

L'examen médical était plutôt un prétexte pour nous faire faire une autre file d'attente et pour trier les parents des prétendants. Je ne me suis pas classée. Je n'étais franchement pas la seule. Il y avait d'horribles parents qui avaient apporté d'horribles jouets lumineux et bruyants. Évidemment, pour les jeunes enfants de plus ou moins l'âge de Mélodine, la bébelle turbulente offre un attrait incomparable.

J'étais découragée. Ces petits enfants nous arrivaient vierges de bébelles de cave et le premier réflexe de ces parents était de leur en fournir. Entendons-nous. Une petite guitare en bois qui émet des fausses notes même sous les doigts d'un virtuose est un jouet d'enfant. Une guitare en plastique à piles avec des faces de catin qui font de la lumière et des chansons de catin, qui blesse les oreilles quand on touche les fausses cordes de catin, ce n'est pas un jouet qui nourrit l'imagination et éveille à la vraie vie par le jeu. C'est une pustule de notre capitalisme détraqué. Comment peut-on vouloir contaminer ses enfants avec de faux besoins, comment espérer acheter la paix en les inondant de matériel débile? Et puis, ce n'était pas un peu manquer de respect pour leur histoire que de les étourdir d'une abondance de choses inutiles alors qu'ils avaient tout fait pour simplement survivre? Les enfants vivent ici et maintenant, mais ils ont un sens de leur origine. Ne devions-nous pas protéger un petit espace entre les deux mondes? N'est-ce pas mon travail d'adulte responsable de reconnaître la vie antérieure avant de la chambouler?

Je ne sais pas, je ne suis pas psychologue. Peut-être que j'aurais dû acheter des bébelles, j'aurais eu plus de succès.

Naaaaa.

J'avais pensé à la chambre, j'avais pensé à assister à une rencontre de préadoption, à me rafraîchir avec un cours intensif juste avant son arrivée, j'avais pensé aux vêtements, à la nourriture, aux médicaments, j'avais même pensé à droguer le chien. Je n'avais pas imaginé une minute – peut-être aussi que je ne l'avais pas eue –, mais pas une seule minute, toutes les circonstances où je devrais désormais avoir une position. Qu'est-ce que je lui donnerais, et de quelle façon? Gâtée ou pourrie, qu'est-ce que je choisirais pour elle, dans quelle direction, avec ou sans bébelle de cave?

Wooooo. J'avais saisi les grandes lignes, bien sûr. Je souhaitais qu'elle grandisse en personne intègre, ouverte et aimante. Je voulais qu'elle soit en contact avec elle et les autres, avec la vie. Je voulais qu'elle s'aime. Par où passer pour y arriver? Quelle naïveté d'avoir un but sans penser à la façon de l'atteindre. Tous mes vagues constats ou jugements sur la façon dont les parents élèvent leur enfant étaient maintenant mis à l'épreuve. Il ne s'agissait plus de penser que... Je devrais avoir une position et agir sur chaque chose, chaque matin: les colères dans les plantes, les déjeuners, l'heure du coucher, les bébelles de cave, les t-shirts de Disney, les talons hauts, le maquillage à douze ans, les strings, les professeurs ennuyants, les gens souffrants, les maladies horribles qui frappent toujours au mauvais moment même s'il n'y en a jamais de bon, les mauvais moments, les cigarettes, la drogue, l'anorexie, la peine à apprivoiser, les cochonneries qu'il ne faut pas manger, quand manger les cochonneries, les souliers qui font de la lumière, les moments de bonheur intense qu'on n'arrive pas à savourer, les amis gardés, les amis perdus, la tristesse qu'on ne s'explique pas, les garçons, les amis morons, les parents morons des amis morons, les sans-abri, la conscience, l'inconscience, la mort, l'intimidation, les injustices, les choses laides, la guerre, les animaux qu'on mange, les choses qu'on veut et qu'on n'aura jamais, les chats errants, les gros qui ne maigriront pas et les petits Haïtiens laissés derrière.

Comment avais-je pu ne pas réfléchir à un plan ? À combien de « je ne sais pas » j'avais droit ? Comment pouvais-je avoir une idée de la personne que je souhaitais qu'elle devienne sans aucune idée de comment y parvenir ? Je n'avais pas devant moi une guitare de catin laide et bruyante, j'avais un abysse. Comment savoir si des banalités, comme un mauvais jouet, allaient modifier ses qualités d'adulte ? À quel âge et de quelle façon apprend-on l'intégrité ? Comment apprend-on à s'aimer ? Il fallait que ce soit à travers les jeux, les réponses d'adultes, l'exemple des adultes. Alors tout, à partir de maintenant, tout comptait pour sa construction.

Better think, mom.

Une autre file avant le grand départ. Du temps pour observer la nouvelle arrivante. Elle était belle, vraiment. Depuis qu'elle avait débordé dans les plantes, elle était une enfant charmante et visiblement intelligente. Du peu de jugement qu'il devait me rester, je me sentais exaucée, elle était brillante. La file nous donnait un rendez-vous à l'hôpital Sainte-Justine pour un bilan de santé complet. Une dame blonde, belle et chaleureuse comme un coucher de soleil un soir d'automne doux, a parlé en créole à Mélodine, qui lui a répondu sans gêne. Je ne comprenais pas leur conversation. Après un moment, la dame m'a regardée, émue. L'œil humide, elle m'a dit que c'était la petite fille la plus lumineuse qu'elle avait rencontrée. J'étais troublée. J'ignorais ce que la dame faisait dans l'histoire, elle connaissait beaucoup Haïti, l'adoption et les enfants. Clairement, elle avait été touchée par une enfant exceptionnelle. Mon enfant.

Pas que j'aurais traité un enfant concombre différemment, mais quand on a un diamant entre les mains, il ne faut pas le tailler en cabochon.

BETTER THINK, MOM!

J'ai reconnu Mme Auguste. Je me suis ruée sur elle, l'assaillant de questions : « Qu'est-ce qu'elle mange, qu'est-ce qu'elle aime au déjeuner, quels sont ses jeux préférés, qu'est-ce qu'elle préfère ? » La réponse était révélatrice : « Elle aime tout, elle mange tout », avec un grand sourire de serveuse chinoise dans un restaurant chinois. À quoi d'autre pouvais-je m'attendre, ce n'était pas un programme sophistiqué de ré-attachement pour petits enfants abandonnés, c'était une adoption d'enfants dans la misère abandonnés par des parents aussi miséreux. Sans doute que Mélodine devait tout avaler à l'orphelinat parce qu'il y avait enfin de la nourriture ! YOUHOU ? Cherche et trouve ce qu'elle préfère, idiote ! Mme Auguste a plein de petits enfants dans le trouble, en plus du séisme, c'est CLAIR qu'elle ne s'intéresse pas aux « préférences » et qu'ILS N'EN ONT PAS !

Je devais, moi aussi, commencer à ressentir la fatigue. Maison, s.v.p. Le bon Victor s'en alla chauffer la voiture. À moins mille, c'était une précaution essentielle pour une enfant du soleil. Je l'ai laissée dans ses vêtements, l'emmitouflant dans une couverture. Elle n'a pas réagi au froid, pas plus à la voiture ni au contraignant siège de bébé. Je me suis assise derrière, avec elle. Elle a chanté durant tout le trajet. C'était très étonnant, une petite voix claire qui chantait malgré la fatigue, un petit visage qui souriait malgré l'ignorance totale d'où et avec qui elle se trouvait. À partir de ce trajet, il n'y aurait plus rien de familier pour elle. Ni au nez, ni aux yeux, ni aux oreilles, ni sur la peau, ni dans la bouche.

Et elle chantait.

L'enfance a une confiance touchante dans la vie. Mélodine plus que les autres, elle que la vie n'avait pas bien servie chantait doucement même en se voyant séparée de la dernière chose qui lui était familière, les autres enfants. Seule avec deux étrangers, elle avait le cœur à chanter.

Elle s'est endormie à deux pas de la maison.

J'avais refermé la porte de ma maison, ainsi commençait le grand cocooning. Le moment le plus important de son intégration. Théoriquement, je passerais les trois prochains mois près d'elle et nous serions isolées. Je ne permettrais que quelques visites, une amie qui livre une épicerie, un coucou. Puis, nous irions dehors, une distance à la fois. Seules, elle et moi. Personne ne la nourrirait, ne la baignerait ni ne la garderait, sauf moi. Apprivoiser mon renard.

Willy le chien drogué n'a pas jappé, ne s'est même pas levé. Il était à Woodstock. Je crois même qu'il m'a fait un signe de *peace*. J'ai porté doucement Mélodine à sa chambre qui sentait la peinture et le vernis. Je l'ai dévêtue, tant pis pour la violation d'intimité. J'ai changé sa couche, lui ai enfilé un pyjama. Elle dormait, complètement vulnérable. Debout, devant son lit, je me demandais quelle sorte de personne j'avais bien pu être pour penser que moi, moi moi moi, j'avais eu une vie difficile. Je devais désormais veiller sur ses difficultés à elle, non sur les miennes. Son innocence me le commandait.

Me réveiller le matin en étant une et me coucher le soir en étant deux.

Willy est entré dans sa chambre lentement, tous ses mouvements ralentis par le calmant. Il s'est approché, curieux du nouvel animal, et Mélodine s'est réveillée. Et elle a hurlé, vraiment hurlé. C'était E.T. qui rencontrait Drew Barrymore. Je ne sais pas lequel des deux a eu le plus peur. J'ai essayé de calmer Mélodine. Elle était si fatiguée qu'elle s'est rendormie tout de suite. Heureusement. Comment j'aurais pu la calmer, elle qui ne connaissait pas Willy, et moi le créole pour le lui présenter. Je suis allée me coucher pour la première fois de mon histoire sans me brosser les dents. Je ne tenais plus debout. Willy a juré de ne plus reprendre de drogue, il n'avait pas aimé le *bad trip*. Il s'est couché dans mon lit, inquiet. J'ai pleuré longtemps avant de m'endormir.

J'avais saisi le ballon et j'avais couru, l'emportant avec moi. Dans la chambre à côté de la mienne, un petit renard en chocolat dormait tranquille.

Le bikram et autre soulagement

J'aime le bikram. Je n'aime pas le bikram.

Le bikram est la forme de yoga la plus sauvage et, pour ma configuration, la plus efficace. Le principe est simple : c'est une série de vingt-six positions maintenues au maximum pendant une minute et répétées deux fois dans une chaleur d'au moins quarante-deux degrés Celsius. La première partie se déroule debout et la deuxième, couchée, en exercices au sol. Une heure et demie proche de la mort.

Quand j'ai eu quarante-quatre ans, je me suis mise à chercher une solution pour mon état général. J'ai toujours mangé comme un sac à vidanges et, progressivement, j'étais passée de cinquante kilos à soixante-dix. Aux cinq premiers kilos, j'avais trouvé des raisons valables, mais les quinze suivants ne s'excusaient pas, ils m'accablaient. Bien qu'aucun de mes membres n'ait été allongé ni écourté, mes mains ne touchaient plus mes pieds, et mettre des bas devenait laborieux. J'avais de grosses migraines nauséeuses et des maux de dos chroniques. Les rotules de mes genoux sentaient la fin de service. Je ne voulais pas vieillir si vite. Mourir? Sans problème. Pas agoniser. Alors j'ai passé de grandes soirées sur internet à chercher sans bouger quelque chose pour m'activer. Le yoga m'attirait, l'ésotérisme, pas du tout. Je ne me voyais pas respirer en groupe à grand bruit ou parler avec des mots longs qui finissent en «A». J'aurais pu faire du ballet classique ou de la danse sociale. Naaa. J'avais besoin d'une mise en forme sérieuse, muscles et cardio. Pas de temps pour la chorégraphie ou un beau costume. Un entraîneur privé? Cinq soirs de plus immobilisée sur internet. Cher et, au bout du compte, c'est toujours moi qui force. Je me connais, j'aurais fini par le haïr à l'entendre me bosser et en sachant que mon compte de banque se vidait pour ses services. Bon, yoga.

Le bikram m'est apparu comme une révélation par le ton d'une seule phrase: «Ceci n'est pas une séance méditative, soyez préparé à suer et à travailler dur!»

J'ai donc amené mes quinze kilos de trop à une séance et convaincu Alain, qui était encore mon amoureux, de m'y accompagner.

Le premier choc est le choc thermique. En allant porter mon tapis de yoga dans la salle d'entraînement, je me suis perçue comme une dinde qui allait se mettre au four elle-même. Le deuxième choc est olfactif. L'odeur, dans mes narines, se résumait par «marais humain vaguement couvert d'huiles essentielles, également non identifiables». Un remède contre l'envie de rester.

À l'heure convenue, un genre de dieu en minishort pénètre militairement dans le studio et, après des salutations expéditives, vocifère des instructions que tout le monde s'empresse de suivre : moi, pudiquement habillée pour couvrir quinze kilos de trop, et tous les autres, aussi dévêtus que le genre de dieu. Le bikram ne fait pas de discrimination, avancés ou débutants, tous exécutent la même routine, dans la même classe et au même rythme. Pas dans le même esthétisme. Avant la fin des cinq premières minutes, j'avais compris que j'allais souffrir. Après dix minutes, si je n'avais pas été aussi occupée à «hyperventiler», j'aurais coupé mon linge avec mes dents. L'humidité était suffocante, je m'entendais friser. J'ai perdu ma dignité exactement quinze minutes après le début du cours, je me suis mise à grouiller comme un ver à chou, écarlate, obsédée par l'horloge et le temps qui ne passait plus.

Au bikram, on ne sort JAMAIS pendant un cours. Les instructeurs parlent d'éviter le choc thermique. Moi, je sais que s'ils permettaient de sortir, toute leur clientèle au complet aurait déjà fui. Je suis sortie après je ne sais plus combien de temps, une éternité, il me semble. Je suis sortie à peine debout, malgré les aboiements de l'instructeur haut gradé. Je voyais des étoiles. Je me suis affalée sur une chaise, complètement désossée. J'ai mis au moins dix minutes avant d'avoir des remords. Alain était toujours dans la salle, enthousiaste, énergique, et moi, mon seul dessein était de faire sécher mes quinze kilos et mon orgueil détrempés.

Je me suis relevée, le dos rond, et je suis retournée au four, malgré les aboiements du haut gradé. Je ne sais pas si, à ce jour, de toute ma vie, j'ai souffert physiquement plus que pendant cette heure et demie de cuisson à l'étuvée. Après le cours, minable, je suis allée voir le dieu instructeur pour lui demander s'il était vraiment possible que je m'habitue à la chaleur. Il m'a regardée de pied en cap : « Il n'y a que les guerriers qui restent. » J'étais désolée de lui avoir imposé une moue de mépris : ça le rendait un peu moins beau. J'étais désolée d'avoir rampé jusqu'à la sortie comme un lamentable ver de terre, mais si j'avais eu un seul joule d'énergie, je l'aurais attendu dans la ruelle.

Je suis un guerrier.

Alain était, comme d'habitude, aussi content qu'à son premier jour de classe. Je m'étais étiré quelque chose dans le péteux en essayant de rester debout. Forme physique, détermination, souplesse, résistance, tout était une coche en dessous du zéro. Je n'avais aucun choix.

Je suis retournée au bikram aux deux jours pendant des mois avant de regagner un minimum de dignité. Des mois à trouver des raisons pour nous empêcher d'y aller, Quinze kilos et moi. Des mois à me répondre « ta yeule, vas-y ». Il faut bien l'avouer, chaque fois, je gagnais en fierté. Puis, je me suis mise à gagner en santé. Comment faire autrement, aux deux jours, ma pratique m'obligeait à boire des piscines et, de plus, je ne mangeais que des choses qui ne se rotaient pas, par bienséance.

Une autre particularité du bikram est le miroir. Comme le professeur ne fait aucune position, il faut se fier à sa voix et se regarder. Nous regarder, Quinze Kilos et moi, pendant une heure et demie, avec presque rien sur le dos, sans maquillage, les cheveux collés aux tempes, frisés comme une chèvre de montagne, dans des positions pas toujours réussies, c'est dur. Très dur. Très, très dur. Aucun choix, dès que le regard tombe, le professeur le relève : « Regardez où vous voulez mais regardez-vous. » J'ai dû passer au moins cent vingt-huit heures à me regarder les genoux. La seule partie un peu dure qui ne souffrait pas, visuellement parlant, d'une sudation excessive. J'aurais pu aussi me regarder les coudes, mais j'avais trop peur d'apercevoir mon visage dans les mouvements.

Bikram est un dieu exigeant, il demande autant d'efforts que vous retirez de bénéfices. Pendant trois mois, chaque cours a été un combat affreux. Après trois mois, non pas que la pratique soit devenue facile, mais j'ai compris pourquoi je l'endurais.

Bikram a tenu chacune de ses promesses. J'ai perdu Quinze Kilos, les maux de dos ont cessé, ainsi que les migraines. Il m'a poussé des muscles que je n'avais jamais vus sur mon squelette et j'ai arrêté de faire de l'eczéma. Je suis devenue fière d'être une guerrière. Je suis devenue fière de la force de ma chair, fière qu'elle ne soit plus que l'écrin de ma tête, et surtout, surtout, j'ai pu soutenir mon regard sur mon corps, tout entier.

J'ai même eu la force, avec le temps, de regarder mon visage. Je l'évitais depuis la sixième année. Encouragée par les changements sur mon corps, j'ai eu une curiosité pour ma face. Hiiiiiiiiiii. J'avais celle de mon grand-père dans sa tombe. Moi qui ai un talent indéniable pour embellir, je m'étais toujours abstenue d'intervenir sur mon visage. Un, je trouvais gênant d'avouer que j'avais espoir de l'améliorer et deux, je trouvais que c'était humiliant pour les produits et honteux de les gaspiller en les étendant sur mon teint gris ou mes yeux bruns plates. Me regarder était déjà un exploit. Envisager des changements, non pas pour être différente, simplement pour me bonifier, ça, c'était miraculeux.

Changer de religion, bikram est la bonne.

Si vous pensiez naïvement que les belles personnes le sont toutes de naissance, détrompez-vous. Après un investissement substantiel et quelques traitements pas si invasifs, je me suis effectivement optimisée. *So long*, grand-papa.

Une des morales de l'histoire, c'est qu'il est aussi facile d'être beau et mince quand on est riche que laid et gros quand on est pauvre. Ou qu'encore une fois l'argent ne fait peut-être pas le bonheur, mais il arrange la face du malheur.

J'ai dit que je prenais des antidépresseurs?

Ah.

Les antidépresseurs étaient devenus une nécessité à force de poireauter dans ma thérapie. Malgré une apparence de vie réussie, je traînais un mal de vivre, disons récurrent, qui, en soi, ne me distinguait pas beaucoup du reste de la population nord-américaine. Ainsi, après plusieurs années à radoter chez une psychologue, je pouvais selon elle améliorer mon existence en prenant des antidépresseurs. Franchement, j'étais réticente. Je n'aime pas que les choses soient faciles. Je préfère tout faire moi-même. Je n'aime pas les *breaks*, je n'aime pas qu'on me donne une chance. Je suis une adepte du *cold turkey*. Mais… J'avais beau avoir été honnête, lucide, n'avoir hésité devant aucune larme, connaître ma peine en dedans comme en dehors, la joie de vivre ne venait pas. La psychologue eut un argument de taille en faveur de la médication.

Je ne connaissais pas le bonheur.

Je pouvais bien congédier ma tristesse, je ne savais pas par quoi la remplacer. Et puis, on ne sait pas trop comment la sérotonine se débrouille chez chaque individu, récepteur de marde, insuffisance de jus, transmetteur inhibé, un peu comme la pilule anticonceptionnelle contribue à régulariser les règles ou comme l'insuline se charge des dérèglements chez les diabétiques, les antidépresseurs neutralisent les chutes de goût de vivre. J'avais accepté de prendre les médicaments trois ans avant le bikram.

Les antidépresseurs ne font pas effet très rapidement et on doit d'abord habituer son corps à les endurer. J'ai passé quelques semaines à manger un biscuit soda à l'heure. Aussi, quand on change de chaise, il y a toujours un moment où on se trouve debout. Je suis restée debout, les genoux un peu pliés à forcer des cuisses en espérant le bonheur avec impatience. Puis, un jour, je me suis retrouvée dans un déménagement. Mes meubles avaient disparu. Les murs de mes pièces étaient encore peints en gris, mais il n'y avait plus de mobilier. Plus de chagrin, plus de désolation.

Les antidépresseurs ne vous apportent pas grand-chose, ils vous en enlèvent beaucoup. Je n'avais plus de souffrance. Je n'avais plus à me demander pourquoi je vivais encore ni à me convaincre de me lever le matin. Au début, j'étais ravie. Ne plus avoir d'encre noire dans la tête était merveilleux, sauf qu'après un temps cela m'a paru un peu triste, peut-être beaucoup, je me suis sentie vide. Sans ma misère pour m'accompagner, je me sentais seule. J'ai dû m'habituer à vivre sans elle. Oui, je sais, c'est insensé.

Je suis restée trois ans entre deux mondes sans remplacer ma misère. Sans bonheur profond, sans souffrance. Parfois, je devenais convaincue que la tristesse était vraiment disparue et que je n'avais qu'à arrêter les médicaments pour être simplement heureuse, comme ça, sans petites roues à ma bicyclette. Comme si le médicament, en sabrant ma souffrance, empêchait aussi le bonheur. J'ai essayé à quelques reprises d'arrêter. Mauvaise idée. Même en arrêtant doucement, ma tristesse revenait aussi violente qu'une vague un jour de mer agitée et je me retrouvais dans le sable, les genoux écorchés. Je recommençais en vitesse à manger un biscuit soda à l'heure.

Pourtant, malgré le bienfait évident, je n'aimais pas les médicaments, j'avais l'impression de tricher.

Chaque soir en prenant le petit comprimé, je me disais que je n'étais toujours pas bien ; je n'étais plus le nouveau guerrier bikram. Je redevenais le petit poulet pas de plumes qui avait besoin d'aide pour survivre. Je ne prenais pas une très grosse dose, mais, malgré tout, arrêter de prendre des antidépresseurs est un combat.

On dit que l'exercice physique exigeant peut remplacer une petite dose d'antidépresseur. Go. J'optai pour un « défi bikram ». Trente fois en trente jours.

J'y suis arrivée, avec difficulté, et les deux années qui ont suivi ont été les plus saines. Plus de tristesse profonde, j'étais bien, j'étais devenue une vraie carte de Noël avec de la neige brillante. Fierté, joie et paix.

Sauf que.

J'ai compris très rapidement que je ne pouvais plus arrêter l'entraînement. Comme une drogue, j'en avais besoin. Après quatre jours sans, j'avais la misère du monde sur les épaules. Deux semaines, et je devenais si peu vivante que c'était de la négligence de ne pas m'enterrer.

Comme une droguée en manque, je m'effondrais.

Les soixante-douze heures de choc

Dans la chambre à côté de la mienne, un petit renard en chocolat dormait tranquille. Jusqu'à deux heures du matin.

Elle se réveilla d'abord doucement en chignant un peu. Je me suis précipitée. De doucement à moins doux, à plus forts, à carrément violents, ses cris tordaient son visage. Quoi faire? Je crois que même si j'avais eu le temps d'apprendre à parler créole, elle ne m'aurait pas entendue. Elle hurlait à pleins poumons, me repoussait. Non, Willy, tu ne peux pas aider, va te recoucher, je crois même que tu nuis. Comment expliquer qu'elle n'avait rien à craindre de sa nouvelle vie, comment dire qu'elle avait raison de hurler, mais que, si une chose était sûre, c'est qu'on avait besoin de dormir. Elle rejeta ses couvertures, arracha son pyjama et sa couche.

Pitié, il fait moins trente, j'ai une programmation qui baisse le chauffage, la nuit, ne prends pas froid.

Elle sortit du lit, prête à partir loin et nue chercher ce qui lui ferait du bien. Je la remis au lit, elle ne voulait pas. Traquée, elle préférait ramper sur le plancher pour s'éloigner de moi.

Quand on m'avait dit « soixante-douze heures de choc », on avait parlé d'enfants en danger qui ne savent plus comment se rassurer. J'avais pensé à des colères, j'avais pensé qu'elle ne voudrait pas toujours de moi ou de mon manger, ou qu'elle en voudrait trop, qu'elle pourrait être léthargique, abattue, ou au contraire trop excitée. J'avais pensé qu'elle aurait pu à l'occasion me frapper, peut-être m'injurier et me lancer le manger qu'elle n'aimerait pas. Quand on m'avait parlé en termes très abstraits des difficiles quarante-huit ou soixante-douze premières heures, je ne m'attendais pas à essayer d'attraper mon enfant toute nue dans une nuit glaciale. À ce qu'elle me fuie comme si j'étais le bonhomme Sept-Heures. Pas non plus à la voir roulée en boule fermée, comme un animal blessé, les yeux révulsés, à ne sentir ni le froid ni la dureté du plancher sur son corps osseux, le visage déformé, mouillé de larmes et de salive.

Donne ma langue au chat.

J'ai fait la première idée qui m'est venue, je n'ai pas dit une bonne. Sans chercher à m'approcher davantage, j'allai allumer la lumière de la salle de bain. Veilleuse, YOUHOU ? En Haïti, pas trop d'électricité ! En allumant, je ne la rassurais pas, j'éclairais son cauchemar. Éteindre la lumière. La bercer ? Impossible de la toucher. Parler, chanter ? Faudrait qu'elle entende. Pas prête à se taire. Pas de panique, je ne m'attendais pas à ÇA, dans cette FORME-LÀ, mais je savais que ça pouvait être difficile.

Je fais quoi?

Il n'y avait rien à faire, ou, en tout cas, je ne l'ai pas trouvé. Ce qu'elle vivait était horrible. Nous avions zéro communication, zéro contact. Il n'y avait qu'à hurler. Je ne sais plus comment elle s'est rendormie, cette première nuit-là. Miraculeusement ou d'épuisement. Je ne me rappelle plus ou je l'ai volontairement oublié, mais elle s'est rendormie. Je suis allée à l'essentiel, lui ai remis une couche, l'ai emmitouflée comme si on était en Antarctique. Je suis retournée dans mon lit, me disant qu'aux aurores j'irais me coucher sur le petit matelas gonflé près de son lit, pour qu'elle se réveille accompagnée dans sa chambre, comme on l'avait suggéré, à la préadoption. Willy est venu dans mon lit, j'ai pleuré longtemps avant de m'endormir.

Avant qu'elle ne se réveille, aux aurores, comme prévu, je me suis couchée dans mon lit de fortune, pour qu'elle me voie à son réveil, aux aurores, comme anticipé.

Un succès.

Elle s'est mise à hurler en ouvrant les yeux, rejetant de nouveau les couvertures, arrachant la couche. Je lui avais au moins épargné le pyjama. Je dois avouer que mon désarroi était assez grand. Je fais des costumes, je sais gérer un artiste inquiet, un gros péteux et un petit budget. Là, vraiment, j'étais larguée. J'ai eu l'idée de lui présenter les vêtements dans lesquels elle était arrivée. Bon point, Sherlock, une petite trace de vie familiale. Ça lui a semblé suffisant pour arrêter de hurler. J'ai pensé au deuxième point qu'elle aimerait: manger. Je l'ai prise dans mes bras pour la descendre à la cuisine. Oups, autre choc, elle ne reconnaissait pas l'endroit qu'elle n'avait qu'entrevu la veille dans un demi-sommeil. Hurlements et cris stridents. Je l'ai déposée sur le comptoir le temps de nourrir le chien. Elle s'est calmée à la vue de la gamelle, ou du frigidaire plein, je ne sais pas.

Alain et moi avions deux bouviers bernois. Alain en avait amené un pour me faciliter la vie et possiblement le garder. (L'histoire dira que le deuxième est revenu et qu'il a vécu encore avec moi.) Nous avions donc soixante-dix kilos de chien à nourrir maison, nous avions à cet effet un énorme chaudron toujours rempli d'un tiers céréales, un tiers viande, un tiers légumes. Si elle était fade et sans épice, la goulasch était tout de même humainement comestible.

Mélodine calmée s'était mise à chigner. En créole, elle m'expliquait quelque chose. En fait, elle le répétait comme une litanie. Comme je ne comprenais rien, elle s'est mise à pleurer…, jusqu'à ce que j'allume : elle voulait manger dans le chaudron du chien.

Au secours! Le premier repas de ma fille dans ma maison fut le même repas que j'avais servi au chien. Ai-je dit que, si j'avais eu le temps, j'aurais mis des brillants dans l'entrée?

Faut-il avoir été mal préparée ou complètement stupide pour ne pas avoir figuré ce que choc de soixante-douze heures voulait vraiment dire? Elle avait trois ans. Trois ans, c'était assez pour se rappeler par où elle était passée, mais pas assez pour avoir une idée d'où elle allait, même si on avait dû lui expliquer en créole à l'orphelinat. La pauvre était complètement perdue. Elle ne savait ni où, ni comment, ni pourquoi, ni avec qui elle était. Rien de toutes mes pensées futiles n'aurait bien servi son arrivée. Ni une chambre rose parfaite de princesse, ni une garde-robe rose de princesse pleine de linge de princesse, ni de beaux petits gâteaux roses de princesse, ni du brillant rose sur le tapis de l'entrée. Rien de tout ce que je connais qui constitue le rêve de la petite fille nord-américaine ne s'appliquait. Je n'accueillais pas une princesse qui tardait à reconnaître son royaume, j'avais dans ma maison un petit animal sauvage disjoncté.

Bon, bon, je m'étais un peu trompée, pas trop tard pour se raligner. J'ai toujours eu de la bonne volonté, du jugement, de l'imagination. Comment apprivoiser un petit animal blessé ? Je sais que la plupart des gens bien-pensants me condamneraient pour seulement avoir comparé ma fille à un petit animal, mais il faut avoir vu la profondeur de son désarroi pour le faire sans gêne. Je me rappelai la pyramide de Maslow qu'on avait réanimée dans mon esprit le jour béni de l'atelier de préadoption. Besoins primaires, sécurité, appartenance, estime et accomplissement. Je lui offris de la nourriture, de la vraie. Elle mangea des œufs, du yogourt, du pain, des fraises, du fromage et but de l'eau, de l'eau, de l'eau. Elle mangea et but pendant six heures. Elle était d'une politesse exquise, cherchant du regard l'autorisation pour chaque geste, proposant le partage et ne laissant aucune miette sur la table. En y réfléchissant, ses bonnes manières devaient tenir du dressage intense et sévère de l'orphelinat. Des tablées de petits enfants et pas beaucoup de nourriture commandaient une discipline presque militaire.

Après six heures de bombance, il était l'heure de dîner. J'étais un peu perplexe, elle n'allait tout de même pas se remettre à manger et éclater dès son premier jour. Elle reprit la litanie du frigidaire jusqu'à ce que je saisisse qu'elle me pointait un petit pain hamburger offert en prime à l'épicerie. Encore manger? Le petit pain grignoté parcimonieusement la rassurait plus qu'il ne la nourrissait.

Quoi faire après le pain? Pyramide de Maslow, besoins primaires.

Prendre un bain? Je pourrais en profiter pour changer sa couche et inventorier un peu la situation. Le bain lui plut. Elle souriait, riait si fort, je l'aurais laissée dans le bain soixante-douze heures. J'avais mis dans l'eau une petite mousse hypoallergène à la lavande calmante. Toucher par l'odorat. Elle ne voulait plus sortir du bain, je crois que je ne voulais pas qu'elle sorte non plus, impuissante quant à la suite des choses. Elle finit néanmoins par sortir, plissée comme un raisin sec. Elle me laissa l'essuyer et je la frottai avec une crème (hypoallergène, je ne cherchais pas le trouble). Toucher le corps. Poudre de bébé, hypoallergène. La poudre sur la crème mal absorbée dessinait des stries… Ça m'inspira pour une prochaine fois. Je la pris dans mes bras, convaincue qu'elle bénéficierait d'un petit dodo. Toucher par l'étreinte. Moi qui parle plus vite que mon ombre, j'avais la communication ténue.

Le dodo n'était pas une bonne idée. Elle hurla à la vue de son lit. Case départ. Attendre qu'elle se calme, éviter de la toucher pour qu'elle ne hurle pas davantage. Jouer un brin, veut pas, lire une histoire, veut pas. Rien ne la reliait à rien. Je n'avais aucune façon de l'approcher. Manger, alors.

Qui a dit que ces enfants-là ont juste besoin d'amour? J'eus une pensée pour les autres éthérés de la préadoption. Bien que je n'en aie reconnu aucun à l'aéroport d'Ottawa, ils avaient tous dû recevoir leur enfant. Je ne sais pas s'ils avaient eu assez d'amour ou si, comme moi, ils souhaitaient plutôt un diplôme en psychologie.

Amanda, la fille du bon Victor, me suggéra la télévision. Pas tant pour qu'elle l'écoute, mais pour égayer, après le tumulte de l'orphelinat. Le grand silence de ma maison devait l'effrayer. Bon point. Musique créole, le CD que j'avais acheté à l'aveugle et en panique avec des Noirs qui dansaient sur la pochette. Toucher par les oreilles. Recollation, toucher par le ventre.

À dix-sept heures, Willy me rappela qu'il était temps de manger. Encore. Nous avons mangé, elle plus que moi. C'était spectaculaire tout ce qu'elle pouvait contenir. Elle allait sûrement être malade. Même si je lui donnais les aliments les plus simples possible: riz blanc, poisson blanc, haricots, œufs, pain, légumes, fruits, je me disais que, forcément, le changement, sinon la quantité, allait la pousser à vomir.

Non, pas une seule fois. Bien que je ne puisse lui expliquer, je me sentais une affinité tout à fait filiale avec cet estomac de plomb. La dernière fois que j'avais vomi, j'avais huit ans, et c'était un virus qui m'y avait forcée.

Je ne voulais pas qu'elle arrête de manger, par peur de la suite. Avec raison, son sommeil n'allait pas de soi. Elle n'avait pas dormi depuis cinq heures du matin, elle devait être épuisée. Je l'étais moi-même. Je l'ai baignée de nouveau dans la lavande hypoallergène, misant sur l'apaisement de la plante. Je l'ai doucement frottée avec de la crème et essayé un pyjama. Non, pas de pyjama. Bon, en couche. Je l'ai prise dans mes bras, tout allait bien jusqu'au seuil de sa chambre, là où l'alarme, ou la larme, criait. Je ne sais pas comment elle a réussi à s'endormir. Après une longue bataille ou d'épuisement, vers vingt-deux heures.

J'avais acquis, à la fin de cette première journée, trois minizones de confort. Manger, se baigner et danser. Demain, je ferais mieux et demain, surtout, je commencerais à m'occuper de moi. Rien de *fancy*, peut-être une douche.

J'avais été un peu surprise, au début, je pouvais me ressaisir. Le rythme de son adaptation serait très lent. Maintenant que Mélodine était là, en vrai, je comprenais qu'il ne pouvait pas en être autrement. Dans deux jours, nous étions attendues à Sainte-Justine. Un autre quarante-huit heures, je ne serais pas loin du compte de choc, tout irait mieux.

Je me suis couchée dans mon lit, épuisée. Avant qu'elle ne se réveille, aux aurores, comme prévu, j'irais coucher dans mon lit de fortune, pour qu'elle me voie à son réveil, aux aurores, comme anticipé. Willy est venu dans mon lit, j'ai pleuré longtemps avant de m'endormir.

À deux heures du matin, Mélodine s'est réveillée, d'abord doucement, en chignant un peu. Je me suis précipitée. De doucement à moins doux, à plus forts, à carrément violents, ses cris tordaient son visage. L'échappée, la boule dans le coin de la chambre, les yeux révulsés. Quoi faire?

La nuit et la journée se sont répétées, interminables. À plus ou moins une variante, en hurlant, mangeant, hurlant, se baignant, hurlant, remangeant, hurlant, dansant, hurlant, re-remangeant, hurlant, la vie avait été exactement pareille à la veille. Elle ne s'endormit pas avant tard dans la soirée, épuisée.

Il me restait à peine vingt-quatre heures avant la fin du choc et demain nous allions à Sainte-Justine, avec le bon Victor. Tout irait mieux. Je me suis couchée dans mon lit, épuisée, moi aussi. Avant qu'elle ne se réveille, aux aurores, comme prévu, j'irais coucher dans mon lit de fortune, pour qu'elle me voie à son réveil, aux aurores, comme anticipé. Willy est venu dans mon lit, j'ai pleuré longtemps avant de m'endormir.

La suite de la nuit a ressemblé horriblement à la précédente, avec une crise de plus. Je ne sais pas comment elle avait l'endurance de ces marathons. Non seulement elle manquait plus de sommeil que moi, à cause de ses trois ans, mais elle ajoutait le poids de sa peine à sa fatigue. L'énergie de la survie; il n'y avait chez moi ni famine, ni pénurie de rien, ni building précaire, ni cadavres dans les rues, mais ici plus que là-bas, elle se sentait en danger.

J'étais complètement impuissante. Le peu que j'avais à offrir, c'était de la Patience et du Temps. Grand P, grand T. En déficit de sommeil, ma propre force me trahissait déjà un peu. Vivement la fin du choc.

L'expédition à Sainte-Justine ne s'annonçait pas facile. D'abord, comment lui expliquer qu'on allait à l'hôpital et que ça risquait d'être désagréable? Comment lui dire de se presser un peu pour écourter l'orgie matinale de six heures? Surtout, comment lui expliquer qu'il fallait mettre des vêtements d'hiver, des bottes, un chapeau, des mitaines, alouette?

Je ne sais plus comment nous sommes arrivées à l'hôpital à dix heures. Oui, en voiture avec le bon Victor. Mais comment j'ai fait pour l'habiller en bonhomme de neige? Comment j'ai coupé court au ravitaillement du matin? Comment j'ai réussi à changer son pantalon et ses bas de l'orphelinat, qui commençaient à se tenir tout seuls? Je ne sais plus. Je sais que rien n'était acquis et, jusqu'à ce jour, je n'aurais pu imaginer qu'une seule personne sensée ayant passé à travers le processus d'adaptation de cette façon ose le recommander. À la peine qu'elle éprouvait à toutes les banalités, il fallait vraiment avoir la certitude que ce que nous avons à offrir à ces enfants, c'est le paradis à côté de leur vie initiale.

Ou croire que la lumière est toujours devant.

L'examen médical. Sérieux, en principe, elle ne devait arriver au Québec que quelques années plus tard. Ne pouvions-nous pas attendre quelques semaines avant de lui imposer une fouille dont elle ne comprenait rien sinon que c'était invasif et douloureux? Injections, température rectale, radiographie immobilisée, appareils impressionnants. Elle hurlait. Quand les infirmières se sont couchées sur elle pour les prises de sang, j'ai récité une messe sans intention religieuse. J'aurais voulu collaborer sans avoir l'impression de participer à une torture organisée. Ma pauvre Mélodine avait déjà assez de peine sans qu'on empiète sur son corps. J'étais fatiguée à la première intrusion, je voulais que le mal arrête pour elle.

Nous avons rencontré le Dr Antoine, une sommité en adoption internationale. Il l'a regardée dans mes bras.

— Je l'entends pleurer de la salle d'attente, vous avez un modèle hyperréactif. C'est bon signe, elle exprime maintenant ce qu'elle ressent, vous l'apprécierez plus tard.

— Je crois que vous méritez ses réactions, docteur, qu'elle hurle ça ne me gêne pas du tout. Franchement, je ne suis pas très fière de participer à ça sans pouvoir rien lui expliquer, qu'est-ce qu'elle va penser de moi, que je l'offre à la torture?

— Non, elle va penser que NOUS lui faisons mal. Vous la tenez dans vos bras. Vous la consolez, comme vous pouvez.

— Elle est plus naïve que moi.

— Écoutez, c'est bon signe, entre deux cris, elle vous regarde. Elle cherche votre regard.

— Et je devrais me réjouir? Elle n'est pas plutôt inquiète que je me joigne, moi aussi, au grand prélèvement avec un instrument qui fait mal?

— Vous ne le ferez pas. Elle aura donc un peu plus confiance en vous. Elle est en choc. Est-ce qu'elle dort bien ?

— Elle hurle à la vue de son lit, de sa chambre, même du deuxième étage. Je crois qu'à l'occasion je l'inspire aussi.

— Je vais lui prescrire des médicaments pour dormir.

— Pas un peu prématuré ? Est-ce que je devrais être un parent qui s'insurge contre une telle suggestion ?

— Ça dépend du genre de parent que vous êtes. Vous avez une situation traumatisante. On ne sait pas son histoire, et elle a peur de dormir. Demain encore plus, en ajoutant le désastre de la veille et la fatigue. Et chaque soir un peu plus. Faites comme vous voulez.

— Je prends le médicament.

— Je vous le donne deux mois. Je vous donne aussi des suppléments de fer. Pas besoin d'attendre les résultats sanguins, c'est clair qu'elle en manque. Elle manque aussi de protéines. Sa physionomie indique une carence prolongée en protéines. Ajoutez du beurre, du fromage et des noix partout. Et je vous donne des vitamines. Bonne chance.

— Bonne chance ? Vous me laissez comme ça ? Sa physionomie ? Des carences ? Est-ce que le choc achève ?

— Je ne sais pas, une semaine, une journée, des semaines, un mois. Quand vous n'en pourrez plus, vous devrez mimer techniquement que vous l'aimez. Elle n'a pas de cou, son torse est enflé, ses membres, frêles. Elle a manqué de protéines, pas beaucoup, assez longtemps. Ses cheveux sont roux, épars, manque de vitamines, ses jambes sont arquées, manque de vitamines.

J'ai adoré le Dr Antoine, il est franc, direct, et surtout très compétent. Quoique, comment reconnaître la compétence en jugeant avec ignorance ? Disons qu'il est beaucoup plus compétent que moi, et ça, c'était largement suffisant pour me rassurer. Je n'avais vu aucun signe de quoi que ce soit dans la physionomie de Mélodine. Je croyais qu'elle était comme ça. Et moi aussi, j'étais comme ça, carencée sérieusement sur le plan de la documentation. Les prédictions floues du Dr Antoine sur le choc m'avaient inquiétée davantage. Un mois ? Et mimer techniquement l'amour ? Premièrement, je mimais déjà l'amour, j'avais de l'empathie, de la tendresse, de l'écoute et de la patience sincère, mais pas d'amour. L'amour, c'était ce que je pourrais lui donner quand je l'aurais rencontrée. Vraiment rencontrée. Pour l'instant, tout ce que je voyais, c'était un petit être complètement désorienté, souffrant et exigeant, qui avait besoin de toute mon énergie pour être compris et aidé. J'étais tellement subjuguée que je ne pouvais, moi non plus, la rencontrer. Et deuxièmement, je ne savais vraiment pas par où commencer. En ce moment, il faisait noir dans mes idées, même en plein jour. Je peux, moi aussi, avoir des vitamines ?

— Avez-vous du soutien ?

— Vous ne voulez sûrement pas dire des amis ou de la famille, puisqu'ils doivent se tenir à distance.

— Du soutien professionnel.

— Oui, je peux, je crois, m'adresser au CLSC, il y a deux dames extraordinaires et généreuses.

— N'hésitez pas, elles vous aideront. Elles sont effectivement généreuses et très compétentes.

— Est-ce qu'on se revoit?

— Vous reviendrez pour les tests de tuberculose, d'ouïe, d'autres vaccins et les résultats des parasites intestinaux. Nous vous suivrons jusqu'à ce vous ayez trouvé un pédiatre. Il y a des enfants qui sont arrivés avec la tuberculose et des parasites intestinaux de huit pouces. Et je ne vous parle pas de tout le reste. Votre fille est relativement en santé, bonne chance.

Ce n'était effectivement pas nécessaire de me parler du reste, j'avais commencé à filtrer à « parasites de huit pouces ». Comme ils me suivaient jusqu'à ce que j'aie trouvé un pédiatre, j'en avais pour cent ans. Je suis partie avant de rencontrer Huit Pouces, j'avais peur de le voir traîner dans les corridors. Je ne sais pas comment il s'invitait chez ses hôtes, et je ne voulais pas le savoir. J'ai déguerpi illico, ma fille sous le bras, jambes serrées et bouche cousue. Bonsoir.

Le bon Victor nous a reconduites chez nous dans une voiture réchauffée, dans une ville glacée à moins mille. Il faisait gris, je ne sais pas au juste où, dehors ou dans ma tête.

Refermer la porte de la maison, cocooning.

Le peu qui restait de la journée s'est passé avec la même difficulté que les précédentes avec un extra bobo d'injections et de prélèvements. Malgré tout, j'étais optimiste, le soir serait meilleur, la nuit serait meilleure, Mélodine pourrait dormir enfin. Et le lendemain, forcément, serait un jour meilleur.

J'ai écrasé le petit comprimé dans un yogourt. Je me sentais hypocrite de me réjouir de son sommeil et du subterfuge pour y arriver, assurément, nous en avions besoin. Je le lui ai donné à dix-neuf heures, avant le bain. Je l'ai massée de crème, puis j'ai fait des dessins primitifs sur son corps avec de la poudre. Ça l'a fait rire. J'ai ri aussi, nos soixante-douze heures étaient faites, nous dormirions ce soir. Couche, pyjama? Non, pas pyjama, pas tant de chance. Je l'ai prise dans mes bras et, au seuil de sa chambre: cris et hurlements. Bon, soit. Peut-être qu'il est trop tôt. Sans blague, à quelle heure se couche une enfant de trois ans?

Nous sommes descendues au salon et les heures qui ont suivi ont été déchirantes, elle s'endormait et refusait de dormir. Quand ses paupières devenaient trop lourdes, elle se levait du sofa pour ne pas céder, s'y tenant misérablement, les petites chevilles versantes. Quand je la prenais dans mes bras, elle se relevait aussitôt, de peur de s'abandonner, par crainte que son corps ne la trahisse. C'était à la fois immensément triste et courageux.

Je me suis mise à inventer. Pourquoi était-ce si difficile de dormir? Je ne l'avais lu nulle part, mais sa mère aurait-elle pu l'abandonner autrement que pendant son sommeil? Quelle mère peut avoir gardé son enfant pendant trois ans et, sans hésitation, la laisser, souriante, dans les bras d'une nounou de crèche? Mélodine avait dû s'endormir dans les bras de sa maman et se réveiller seule sans que plus jamais, jamais, sa vie soit la même.

Le mot «jamais», dans ma vie, n'avait jamais eu un poids si lourd, n'avait jamais eu un sens aussi définitif. On dit «jamais» plusieurs fois dans une vie, mais avec cette portée? Jamais. Elle avait trois ans et avait dû se jurer, ce soir-là et les autres depuis son abandon, qu'on ne l'y reprendrait plus. Comment lui dire de nouveau que «jamais» je ne l'abandonnerais, même si elle avait pu le comprendre, sa propre mère l'avait fait, alors moi… Jamais.

Je n'ai pas pleuré devant elle, même si ma probable histoire inventée était une raison bien suffisante. J'ai pensé combien je répugne à pleurer dans les salons funéraires quand les gens qui sont morts ne sont pas miens. J'ai pensé à la décence de taire sa peine devant une peine plus grande. J'ai pensé que je ne pouvais rien, sauf essayer d'adoucir le Temps, avec un grand T.

Elle s'est endormie dans le salon vers minuit. Je suis allée la déposer dans son lit, me disant qu'elle s'était endormie à un endroit et se réveillerait ailleurs, ce qui, en soi, était une réminiscence de quelque chose de très triste. Je me suis couchée dans mon lit, promettant de me rendre près d'elle au matin. Willy est venu dans mon lit et j'ai pleuré.

J'ai pleuré tous les deuils qu'elle avait à faire, ceux qu'elle avait déjà dû faire. J'ai pleuré d'avoir eu autant de chance, de n'avoir jamais eu à peser l'irrévocable du mot «jamais» ni d'en vivre la sentence. J'ai pleuré parce que je ne savais plus de quoi demain serait fait ni combien de temps il durerait. J'ai pleuré parce que, par décence, il n'y avait plus de place pour ma peine et qu'elle était pourtant là.

La tempête

Comme les yogourts après leur date de péremption, il ne s'est pas passé grand-chose à la soixante-treizième heure. Nous avions pourtant complété la version longue des quarante-huit, soixante-douze heures de choc. Avec grand succès dans le chaos. Dr Antoine avait raison, le reste devenait impossible à prévoir.

Les matins se sont suivis, tous semblables au premier, sans que je sache comment les commencer. Les matins, les jours, les soirs, les nuits. J'aurais bien voulu demander de l'aide. J'attendais d'avoir des observations, des équations, quand il arrive ceci, il arrive cela. Je crois que je cherchais les instructions et que j'avais espoir de les trouver. Rien, je ne pouvais pas trouver une piste, un indice sur le fonctionnement de l'appareil. Les moments de dérive semblaient aléatoires et constants, simplement. La tristesse venait à son rythme, sans provocation.

J'ai envoyé un courriel au CLSC. Un coup de fil, presque immédiat.

— Vous vous souvenez de moi, celle qui a eu l'histoire d'adoption la plus rapide au monde ? Je suis dans le trouble.

Mme Delorme m'a parlé longtemps et m'a suggéré la contention. Tenir Mélodine très serrée contre moi, l'immobiliser. Mme Delorme m'aurait parlé en chinois, j'aurais compris plus vite.

Contention ? Pas signé pour ça nulle part ! Qu'est-ce que Mélodine va penser de moi ? Lui faire du bien ? Entendu parler du syndrome de Stockholm ? Celui de l'agresseur ! Je ne marche pas !

— Mélodine est tellement perdue que vous devez la délimiter. Vous devez la contenir. Vous devez choisir pour elle.

La contenir ? Au secours… C'est vrai qu'elle s'était couchée en boule dans à peu près tous les recoins de la maison. Je n'avais pas de meilleure idée pour remplacer l'activité. Pas parce que je n'en avais pas essayé d'autres.

À partir de là, elle m'expliqua que je n'étais plus un parent, je devenais un genre de thérapeute sans formation. La nuance est claire, si, jusque-là, j'avais eu des doutes, là, la relation n'avait qu'un sens. Je soignais mon petit animal blessé. Quoi faire, dans quel ordre, combien de temps avant qu'elle ne soit plus submergée par sa peine ? Comment « vivre » malgré tout ? Vivre comme dans simplement se lever et se coucher dans l'ordre, comme dans sortir un brin, jouer sans drame, l'approcher autrement que par l'estomac ?

— Je ne sais pas, vous devez être patiente. Choisissez un combat, faites-en un à la fois, commencez par ce qui vous est le plus difficile à supporter. Achetez-vous une poussette, promenez-la dehors le soir, parfois, ça marche, chez les enfants, pour les endormir.

J'avais le choix des combats. Merci. Le plus difficile… tout? La promener dehors pour l'endormir, en février. Contention. Thérapeute… Je fais des costumes!

Je reçus les livres que j'avais commandés à la tonne sur internet, sur l'adoption, l'éducation, les relations avec les enfants adoptés, le sommeil, les étapes de l'enfance… vraiment, j'avais ratissé large. Le bon Victor est venu pendant que je me sauvais soixante minutes acheter une poussette.

Dans la voiture, j'ai accéléré pour être hors de portée de main le plus vite possible. C'était la première fois que j'étais seule. Plus rien de ma vie ne ressemblait à rien, et ce n'était que loin de la peine et des cris que je pouvais à la fois le voir et en être soulagée. J'ai acheté le premier modèle de poussette, aucun ne semblait avoir de pneus d'hiver. Eh bien non, je n'avais pas eu le temps d'acheter ça avant. Je suis rentrée à la maison, même si la solitude me faisait du bien, elle n'avait plus sa place. Je devais être là pour Mélodine. Le bon Victor n'avait eu aucune difficulté, aucun chagrin. C'était déjà un progrès.

Bye, Victor. Refermer la porte de la maison, cocooning, solitude.

Une semaine, bah… Qui ne peut pas endurer une semaine d'inconfort? J'avais des livres, une poussette, et j'avais parlé à Mme Delorme. Peut-être que quelque chose deviendrait plus simple. J'avais renoncé à voir l'état de choc quitter Mélodine. Ce n'était pas du pessimisme, c'était boucler de grosses valises au cas où le voyage serait long.

Outre le sommeil, il y avait le manque total de structure qu'il était difficile de supporter. Il n'y avait ni jour, ni nuit, ni repas, ni rien qui ponctuait notre vie sauf les crises. De longues heures à manger, des crises, des bains, des crises, des jeux, parfois des petites joies, des crises, la crème et les dessins sur son corps et encore des crises, de jour et de nuit. Des crises d'une heure, parfois deux, jusqu'à trois heures. J'avais cessé de les compter, mais je les mesurais. Trois heures, minute par minute, à attendre la fin, c'est long.

J'ai commencé la contention. Je l'installais entre mes jambes, mes chevilles sur les siennes, les bras croisés sur son torse comme une double ceinture de sécurité. Malgré ma solide musculature de yogi, j'arrivais à peine à contenir sa résistance. Treize kilos de douleur, treize kilos de furie. Parfois, je pleurais avec elle, parce que sa rage et sa peine étaient trop violentes. Elle cherchait à me mordre, crachait sur moi. Comme je ne savais toujours pas si elle avait des parasites intestinaux, je lavais les dégâts occasionnels à l'eau de Javel. J'avais les mains brûlées. Vers la fin des crises, elle me donnait des coups de tête dans le ventre. C'était la seule partie qu'elle pouvait bouger, ça et ses doigts emprisonnés dans mes mains. Elle cherchait, en chignant, à gratter mes brûlures, et je savais que c'était fini, qu'elle était épuisée, que sa colère s'endormait à défaut d'être apaisée. Je pouvais la laisser lentement, parfois elle me laissait lui caresser les mains, d'autres fois, elle refusait. Je lui disais doucement des mots horribles dans ma bouche, des mots d'empathie que je ne pouvais dire qu'en éprouvant durement toutes les émotions, les miennes et peut-être les siennes :

« Je ne suis pas ce que tu souhaites, je le sais. Je ne suis pas la maman que tu veux. Je serai là pour toi, toujours. Je sais que tu veux ta maman, ton pays, les tiens, ta vie d'avant. Je sais que tu les pleures, car ils ne reviendront plus. Je prendrai ta peine, si tu veux bien me la donner, je prendrai tes deuils, si tu veux bien les partager. Je serai là pour toi, toujours. Je serai là pour toi, toujours. »

On dit de dire ces mots pour que les enfants les sentent plus qu'ils ne les comprennent. Je dis de dire ces mots pour toucher leur drame avec eux et qu'ils sentent que vous irez aussi loin qu'il le faudra. Je dis de dire ces mots pour vous préparer à retourner là où c'est douloureux aussi souvent qu'il le faudra, et pour que vous perdiez à jamais votre virginité devant les choses laides.

Elle s'endormait après les crises, je ne dormais pas. Même la nuit, je prenais du temps à m'en remettre. J'étais aussi meurtrie qu'elle. Si seulement il y avait eu une accalmie, un bout de tunnel à fixer des yeux.

J'ai entrepris de structurer les jours. Mélodine achevait de manger mes réserves, je devais envisager de sortir, Judith avait assez donné. Je devais planifier les courses, commencer à sortir un peu, pas trop loin, pour qu'elle voie toujours la maison, et après, de plus en plus loin, pour qu'elle puisse perdre ce repère sans douter qu'on y reviendrait. Je ne pouvais pas être trop prudente, j'irais comme écrit dans les livres. Et puis, je devais essayer de l'endormir dehors, dans la poussette. Nous devions sortir. Malgré le temps glacé de février, j'avais aussi besoin de prendre l'air.

Je me suis dit que la meilleure façon de structurer la journée, c'était avec le temps, les heures… et surtout l'alarme de mon cellulaire. À sept heures, nous descendions à la cuisine. Pas tellement que nous avions dormi jusque-là, plutôt pour l'effort de structure. Nous regardions des émissions pour enfants, toujours les mêmes. Je me forçais pour rire bruyamment, pour paraître captivée. Ça l'intéressait comme un documentaire sur les ongles d'orteil. Je voulais lui créer une habitude, une anticipation, au moins juste quelque chose de familier qu'elle reconnaîtrait. Sept heures trente, je la laissais continuer de ne pas regarder la télé pendant que je préparais le déjeuner. Mme Delorme m'avait suggéré de contenir ses orgies en temps de repas. Pas question, elle avait si peu de plaisir, je ne voulais pas sacrifier un seul de ces moments. Je choisis de limiter, à dix heures, sonnerie. Fini le déjeuner. Je lui donnais des signes d'impatience pour ne pas trop la surprendre. Elle prit l'habitude de toujours garder avec elle un petit morceau de son repas, pour se rappeler qu'ici il n'y avait pas de faim. Ça lui garantissait aussi une compagnie canine de quarante kilos et à moi, d'autres hurlements. Willy s'approchait souvent trop près d'elle pour son confort.

À dix heures, nous allions nous préparer pour la journée. Se laver, s'habiller. Les nouveaux vêtements représentaient un défi. Pas grave, je n'en avais pas trop à lui présenter, et on était loin d'aller magasiner. Je me lavais aussi rapidement que je le pouvais. Mademoiselle Autonomie Zéro n'attendait pas seule longtemps. Elle s'était mise à me répéter : « Mâmâ, gaaaadé. » Elle voulait que je la regarde sans cesse, elle voulait être le centre de toute mon attention. Comment lui dire ? Dès qu'elle avait été assez calme pour me parler, en créole au début, puis avec de plus en plus de mots français, elle m'avait appelée « mâmâ ». Ce n'est pas une appellation au mérite. J'ai appris plus tard qu'en Haïti toutes les femmes sont plus ou moins des mères. Et surtout, qu'à l'orphelinat on leur enseigne à nous appeler maman. Ça allait assez mal, elle n'allait pas allumer le courroux de Mme Auguste en plus. Moi, je n'arrivais pas à dire « ma fille ». Je n'arrivais pas à m'attacher, à sentir un lien, même ténu. Je n'étais pas un parent, je n'étais qu'une thérapeute incompétente.

Parfois, entre la toilette et le dîner, nous allions un peu dehors avec le chien. Vraiment pas loin, au début, puis jusqu'au parc. Parfois non. Parfois, on prenait juste le temps d'une petite colère-contention. Le temps était interminable. Attendre, observer, cultiver un petit progrès.

« Gaaaaaadé, mâmâ. »

Midi, manger. Je n'en pouvais plus, j'aurais donné mon empire pour sauter un repas, ou juste le prendre dans un format acceptable. Vers quatorze heures, l'heure de la sieste. Ben non ! Si elle n'avait pas déjà donné son empire, elle l'aurait donné pour que ce mot-là n'existe pas. Ni petit repos, ni petite détente, ni somme, ni dodo, ni répit, ni s'étendre, ni se coucher, ni rester tranquille, ni s'assoupir, ni lit, ni chambre. En matière de sommeil, elle avait un doctorat en linguistique. Aucun mot dans ses oreilles qui pouvait signifier de près ou de loin qu'elle n'était plus sur ses gardes. Ni dans ma bouche. Parfois, épuisée, elle tombait affalée sur le sofa ou sur le plancher, jamais dans sa chambre et surtout pas dans un lit. J'avais un petit moment à moi, que je repayais de sa colère quand elle se réveillait, amère d'avoir baissé la garde.

Après le dîner, nous allions au parc, toujours avec le chien. Elle ne l'aimait pas. C'était d'ailleurs un étrange et infaillible baromètre de son humeur. Quand elle s'en allait vers le côté sombre, le chien était toujours mauvais : il voulait la « mordé ». Je savais que peu de temps après, je devrais la contenir. J'en suis venue à penser qu'il devait incarner toute sa nouvelle vie et sa futilité. Une nuisance malpropre et malhabile que je nourrissais beau temps, mauvais temps. Voir un chien avachi sur le sofa à attendre sa pitance en perdant ses poils doit être un affront quand on a manqué de tout. Nourrir et soigner cette chose inutile, c'est ça qu'on fait quand on n'a plus faim ni soif, ni froid ni peur ? Est-ce qu'ils ont arrêté de mourir, en Haïti ?

Au parc, nous rencontrions souvent les mêmes personnes. Des mamans en congé de maternité et des vieux. Le début et la fin, le milieu travaille.

— Comment allez-vous ? Toujours difficile ? Vous savez, vous pouvez mettre un enfant en punition une minute par année d'âge. Oh ! pas dans sa chambre, juste au milieu de la pièce, c'est assez punitif !

Bon, comment je dirais ça. Pour *punir*, sanctionner en infligeant une peine, faut d'abord éprouver autre chose que de la peine. Pour lui retirer un certain plaisir, faut d'abord que l'enfant en ait. Ma petite poulette, quand elle mange, disons, douze fraises d'affilée, je sens qu'elle voit peut-être, en essayant beaucoup, un petit avantage à avoir été forcée de tout abandonner pour vivre dans un orphelinat et forcée de nouveau d'abandonner l'orphelinat pour vivre au Canada. Petit, mini, mini-avantage, mettons une joie, à manger douze fraises d'affilée. Pour elle, je peux bien la laisser cent ans par année d'âge au milieu de la pièce, dans sa chambre ou sur une toilette chimique, c'est pareil, elle est déjà en punition. Je ne peux pas non plus lui retirer quoi que ce soit, elle s'en fout ! Je ne te lirai pas d'histoire, je ne te prendrai pas dans mes bras, s'en fout ! Tu seras privée de télévision, de mousse dans ton bain, s'en fout ! Tu n'iras pas voir grand-maman, qui ? Le père Noël, le dessert, les nouveaux jouets, s'en fout, s'en fout, s'en fout ! Et que même, ma-belle-jeune-maman-dans-le-champ, si vous pouviez mettre toutes les colères et les frustrations de vos deux enfants ensemble depuis leur naissance, si vous pouviez mettre toute cette rage dans un seul moment, il n'y aurait pas encore assez de violence pour changer la morphologie du visage de Mélodine comme je le vois tous les jours.

— Ah ben oui, je vous remercie, elle est arrivée tellement vite, je n'ai pas eu le temps de savoir ça.

Ni de lire comme une désespérée les livres sur le développement psychique de l'enfant par groupe d'âge et de constater qu'elle ne se qualifie ni pour trois ans, ni pour deux, pas même pour un an. Pas par manque d'intelligence. Par manque de repères. Les mêmes repères qui font que tous les bons conseils fonctionnent, normalement.

Comme banalité de parc, il y avait aussi le sommeil.

— C'est difficile, comme parent, de les laisser pleurer quand ils ne veulent pas dormir, mais il faut ce qu'il faut.

Le sommeil, la chose qui nous manquait et qui était en train de me rendre cinglée. J'étais devenue un pompier, je me couchais presque habillée, prête à partir vite et à rester debout longtemps sans avoir froid. J'avais toujours des bouchons d'oreille dans mes poches, de jour comme de nuit. Ils étaient devenus indispensables pour ne pas avoir le petit extra dans mes tympans qui persistait après la soirée quand, plus jeune, j'allais danser dans les discothèques. Je me levais pour de la contention en me demandant quand et comment ça allait finir. Un autre genre de danse, les oreilles bouchées. La nuit, plus que le jour, ce n'était vraiment pas drôle. Dans le noir, quand on ne voit pas bien, on ressent davantage les choses. Pour un sens d'atténué, les autres sont exacerbés. Et puis, se révolter le jour, c'est un choix d'activité. La nuit, quand la peine possède les enfants comme des diables et les force à se lever pour hurler, les parents ne «laissent pas pleurer». La nuit, pour la plupart des gens, surtout en février, c'est une promesse de chaleur et de bien-être. Pour Mélodine, c'était juste une autre étape difficile que lui faisait vivre son inconscient lâché lousse.

Évidemment, la perspective de se rendormir après une crise ne lui souriait pas. Chaque fois, quand elle s'était calmée, je faisais le tour de la maison, m'arrêtant à chaque fenêtre : «Regarde, c'est la nuit, il fait noir, on doit faire dodo.» Un chemin de croix. Son corps, malgré ses efforts, finissait par la trahir.

J'écris maintenant et je ne me souviens plus du manque de sommeil dans mon corps. Je me rappelle le traumatisme dans ma tête. Je me couchais terrifiée à l'idée d'une autre nuit de grand désarroi. Je ne prenais appui que sur mes omoplates et mes os de fesses, tendue comme un arc. Je savais que j'irais au feu. Je me calmais en pleurant avec Willy dans mon lit. Grand-papa mort au ciel, aide-moi, que la crise ne se répète pas deux fois, pitié pas trois. Que les crises finissent avant le petit matin, pour qu'on puisse dormir et se réveiller comme une mère et sa fille. C'était si difficile de commencer la journée en se séparant comme deux combattants, après une nuit d'assaut, vides et abrutis au petit matin. Je me disais que ça allait sûrement finir un jour, que je n'étais pas celle qui souffrait, que je pourrais bientôt dormir tranquille de nouveau et que j'étais beaucoup plus forte que ça. Au premier cri, j'étais debout, comme une seule femme, et tous mes arguments logiques dégringolaient dans ma tête. Encore… Je crois que si nous avions été deux, le couple n'aurait pas survécu à l'épuisement physique et moral. Pas de «c'est ton tour», de «je t'avais dit de pas l'endormir dans le salon» ou de «je travaille demain, moi». Pas de plaintes, pas d'accusation. Seule à combattre, tais-toi, vas-y avant qu'elle ne s'aperçoive que tu n'es pas toujours dans sa chambre, près d'elle, même endiablée.

La contention. Je ne sais pas combien d'heures nous avons passées son corps imbriqué dans le mien. De nuit, de jour, le total devait se compter en journées, peut-être en semaines. Il n'y avait rien de plaisant à ce rite guerrier, pourtant, en absence de mots, cette fusion presque primitive lui devenait nécessaire. Je recevais sa peine physiquement et la nuit, sans la lumière du jour pour distinguer mon corps du sien, je me fondais dans sa détresse.

— Laisser pleurer les enfants, ben oui, hein, jeune-maman-dans-le-champ, pas facile mais faut ce qui faut!

De retour du parc, nous faisions un peu de bricolage, du dessin, nous essayions de jouer. Je dis «essayer». Car jouer avec des bébelles, ce n'était pas un luxe qu'elle avait connu. Les crayons de couleur non plus, elle ne voulait jamais les prendre. Fallait aussi apprendre tout ça avant de trouver la joie de le faire.

Parfois, Judith ou le bon Victor, ou encore Alain, nous visitaient un petit moment. Leur attention se portait, avec raison, sur Mélodine. Lou passait et repassait, je ne savais ni quand ni combien de temps. Mes parents sont même venus une fois. Avec la stupéfaction, l'interrogation et l'appréhension, j'ai vu l'inquiétude sur le visage de ma mère. Elle savait, pour l'adoption, ne savait pas, pour la difficulté. Mais elle voyait ma tête.

Je juge toujours de mon état de misère au regard des gens. C'est mon échelle du miroir. Pas que je sois nouille au point d'ignorer comment je vais, seulement, parfois, je suis vraiment douée pour endurer des affaires sales. C'est dans la face du monde que je me situe. Si les regards sur moi sont empreints de sympathie, je m'inquiète, je me dis que j'aurais peut-être besoin de l'aide que je ne suis pas capable de demander. Si les regards sont inquiets, je panique un peu. Et si les regards sont paniqués, ça me rend cinglée. Je me dis que ça ne va vraiment pas bien, que je suis à la veille de ne plus pouvoir l'endurer.

À l'échelle du miroir, ma mère donnait deux sur dix.

À deux, j'aurais dû demander de l'aide. Mais pourquoi je l'aurais fait? Je m'étais mise dans cette situation, je n'avais qu'à me débrouiller. Je ne voulais pas entendre: «Je te l'avais bien dit que les enfants, ce n'était pas pour toi» ou «De quoi tu te plains, tu le savais, non?» Et puis, les gens ne sont pas tolérants envers la détresse psychologique, vous pouvez bien traîner un cancer pendant des années, il y a toujours quelqu'un pour dire comment c'est terrible. Mais trouver une adoption difficile au point de ne plus y arriver? «Sois patiente, ne sois pas égoïste.»

Je crois que j'avais honte de ne pas arriver à me ressaisir, à «prendre sur moi» comme on dit. Je crois que j'avais honte et que je n'avais plus la force de me justifier, à mes yeux ou à ceux des autres, d'expliquer que j'avais possiblement des raisons.

Ma visite ne restait jamais longtemps. Je bénissais les jours où Lou dormait à la maison, à étirer des bouts de vie que je reconnaissais.

« Bye, merci d'être venus. » Refermer la porte de la maison, cocooning, solitude.

Isolement.

Cocooning, un beau mot quand il fait chaud dedans et froid dehors. Un beau mot avec un verre de vin et une belle activité, un feu dans la cheminée et un chien à ses pieds. Un amoureux et un pot-au-feu. Cocooning était aussi un beau mot dans le cahier préadoption. Trois mois pour prendre le temps de guérir, de jouer, de bercer, de prendre soin. Tisser des liens, être le seul adulte à nourrir, à dorloter et à soigner son enfant. S'attacher. Se fabriquer un petit cocon soyeux, y entrer chenille et en ressortir papillon.

Derrière la porte fermée, cocooning voulait maintenant dire « abnégation ». Quelque chose que je sentais dans mon cœur et de nouveau dans mon corps qui brûlait mon centre et glaçait mes extrémités. Rien ne ressemblait à la vie d'avant dans cette maison pleine d'Alain, de Lou et de chiens. Plus de conversations, plus d'échanges, plus de rires, ou si rares. Plus d'intimité pour ne prendre qu'une douche ou aller aux toilettes. Toujours deux yeux muets qui m'épiaient, des cris si je fermais la porte. Plus un moment pour respirer, qu'une suspension entre deux crises. Apaiser, observer, comprendre, apprivoiser mon animal sauvage et mécontent. Je ne la satisfaisais pas et j'étais tout ce qu'elle avait.

Cocooning voulait aussi dire lui rentrer sa nouvelle vie de force dans la gorge. Rien qu'on souhaiterait étirer trois mois.

Le soir venait, souper gargantuesque. Je mangeais de moins en moins. Bain, dessins sur le corps.

Puis l'Épreuve. Avec un grand É.

La combinaison poussette et somnifère fonctionnait. J'écrasais en cachette le comprimé dans son yogourt, qu'elle mangeait en bébé, en faisant semblant d'être incapable de porter seule la cuillère à sa bouche pour que je doive la nourrir. Elle gazouillait comme un bébé. Ce jeu me fatiguait, mais il semblait nécessaire. « Routine » étant un mot clé, je n'essayais rien d'autre. Je l'habillais ensuite pour aller promener le chien. Nous savions toutes les deux que c'était pour l'endormir dans la poussette. Elle jugeait acceptable de s'endormir ainsi. Ou son deuil avait commencé. De nouveau. Peut-être qu'à défaut de me trouver convenable elle avait au moins vu que j'étais tenace. Peut-être qu'elle était fatiguée. Je ne sais pas. Tous les soirs, dans la neige, le grésil, le froid et même la pluie, nous allions au parc. Parfois, le parc n'était pas carrossable ; j'y allais quand même. Parfois, elle s'étirait les pieds jusqu'aux roues, cherchant à m'impatienter. Ça n'arrivait pas, je continuais jusqu'à ce qu'elle dorme, paniquée à l'idée de la voir au salon lutter jusqu'à trop tard. Parfois, après le tour du parc, je devais sillonner sans fin les rues pour qu'elle s'abandonne. Je la rentrais dans mes bras, avec la poussette et le chien, la dévêtait, la montait dans sa chambre… Elle dormait jusqu'à minuit ou deux heures, puis se réveillait en crise. C'était avant que je comprenne que la nuit, quand elle criait et pleurait – et même si cela peut paraître invraisemblable –, elle dormait, et je ne devais pas la prendre dans mes bras, je ne devais pas la réveiller. Je pouvais encore lui masser les jambes comme je le faisais avant, mais trèèèèèèèèèèès doucement. Ou la rassurer à voix basse : « Je suis là, dors. » Ou lui mettre mon parfum sous le nez. Toucher par un sens. Peut-être que son sommeil s'approfondissait et qu'elle n'était plus encline à le quitter facilement. Ou son deuil avait commencé. De nouveau. Peut-être qu'à défaut de me trouver convenable elle avait au moins vu que j'étais tenace. Peut-être qu'elle était fatiguée, mais je n'avais presque plus à la contenir, la nuit.

Aux aurores, lasse et fatiguée, j'allais me coucher dans mon lit de fortune, pour qu'elle me voie à son réveil. Vers quatre ou cinq heures, elle commençait à s'agiter. Je me mettais à respirer longuement et profondément pour lui inspirer le sommeil du juste. Je pouvais ainsi étirer le petit matin. Parfois, elle venait dans mon lit inconfortable, la couche pleine, débordante et odorante. Bon matin.

Mars s'esquissait. Ce mois avait toujours été mon préféré parce qu'il portait le renouveau d'une saison meilleure. Cette fois, l'espoir manquait. Les journées passaient vite comme une plage entière dans un sablier, grain par grain. Il y avait chaque jour un progrès, bien réel mais bien petit pour l'abattement qui poussait dans ma tête. De toute évidence, Mélodine était brillante. Quand la peine la laissait en paix une minute, je percevais son intelligence, sa vivacité, même son humour. Je n'arrivais pas à m'y agripper. J'aurais dû m'y accrocher avec désespoir, comme à une bouée de sauvetage, après toutes les vagues que je venais d'affronter.

Progrès. Moi qui avais si souvent craché sur les émissions télé pour enfants (et rien ne m'empêcha de le refaire par la suite), l'appareil, en plus d'apporter les premières habitudes rattachées à un horaire, contribua à quelque chose de fondamental : le rattrapage. On ne pense pas à tout ce que les enfants de trois ans ont déjà emmagasiné. Fallait voir le regard curieux de Mélodine devant le téléviseur pour comprendre qu'elle était à trois mille kilomètres d'y reconnaître quoi que ce soit. À peu près la distance entre Port-au-Prince et Montréal. Je sais qu'en soi la télé est une bébelle de cave, lumineuse et bruyante. Plus que ses attraits, ce qu'elle contenait avait fini par captiver Mélodine. Le ski, les piscines, les spectacles, les restaurants, la bouffe, le hockey, les trains, les animaux, l'Halloween, tout, même les évidences qu'on croit ici données avec les amygdales, comme Mickey Mouse ou Noël, tout semblait lui avoir échappé. Elle savait mettre les choses sur sa tête et simuler une vendeuse itinérante « abocat, ma'chant, ma'chant d'abocat », dire « amen, alléluia » en passant devant une église, éplucher de l'ail, passer le balai, s'habiller toute seule, se laver, ranger ses choses, mais le père Noël ? Jamais entendu parler. Ce n'est pas que ces connaissances soient essentielles au développement, c'est juste que, sans référence, sans culture commune, l'interaction est difficile. Pas si grave en soi, sauf que, sans culture commune et, surtout, sans lien d'attachement, il est difficile de partager, de rêver ensemble, d'anticiper. Tout tient dans ici et maintenant. Je vous entends : « Oui, mais c'est une enfant. » Justement une enfant, pas un bébé, quand ça vient chez vous du jour au lendemain, ça demande des comptes. Avec un bébé, on a le temps de construire une histoire, de la voir venir, de mettre le bébé dans son berceau le temps de réfléchir. Ce qui fait que le jour où vous devez entrer en relation, vous avez tous les deux un chapitre d'écrit. Même si le chagrin lui donnait un peu de répit, nous ne pouvions pas être prêtes. Ce qu'on pouvait et qu'on devait faire, je n'inventais rien, c'était aussi écrit dans tous les livres, c'était de revenir à l'étape bébé. Toucher, cajoler. Se faire bercer, manger du yogourt en bébé.

Je l'avais demandée plus âgée. Les circonstances ont fait que Mélodine arrive ici à tout juste trois ans. Je le craignais, sans trop savoir pourquoi. Je comprends maintenant. C'était plus que la crainte des couches. Je savais prendre soin avec la raison. Je savais réagir devant la souffrance quand je pouvais la reconnaître avec intelligence. Je savais être empathique avec ma tête et des mots. Je ne savais pas me servir de mon cœur, car il était cassé. Les besoins de Mélodine se situaient exactement là où personne n'avait pris soin de moi et où je n'avais jamais su non plus, dans un cœur baigné d'amour inconditionnel. Dans l'acceptation simple et absolue d'un autre cœur. Elle demandait ce que je n'avais pas et que j'avais toujours évité de reconnaître, réfugiée dans mes raisonnements.

C'était un obstacle réel à mon attachement. Pour me lier à cette enfant, je devais d'abord admettre ma peine et la soigner. Pas *cool* ! Je ne méritais pas un petit passe-droit, là ? Je n'avais pas assez donné ? Il fallait en plus que j'exorcise MES blessures ?

J'ai parlé de se sauver l'adulte en adoptant un enfant ? J'avais, à ce moment, plus ou moins compris les enjeux de mes incapacités. Février achevait, la lumière revenait. Mon stock de somnifères s'épuisait, il fallait que je trouve une autre façon que la poussette dans le parc pour l'endormir. J'étais trop occupée pour comprendre mon tourment. Mon bon Victor me disait : « Donne-toi une chance, tu es au milieu d'un pont avec quatre crevaisons, c'est normal. »

Ça devait l'être.

Après avoir lu beaucoup de théories sur le sommeil et l'endormissement, j'étais prête à essayer une stratégie en trois points pour établir une vraie routine de soir. Je m'étais concocté un petit stratagème inspiré par quatre livres sur le sommeil, les troubles du sommeil, l'adoption et l'adaptation.

UN. Acheter un livre, le lire tous les soirs. J'en avais trouvé un parfait, *Petite souris*. Un livre rembourré, avec du brillant, qui racontait l'histoire d'une maman souris qui endormait seule sa petite souris. Un conte de campagne avec des lucioles et du lait chaud. Remplacé par du « yogourt de bébé ».

DEUX. Rester dans sa chambre jusqu'à ce qu'elle s'endorme, feindre de lire. Comment voir les mots, même avec la veilleuse, il faisait noir comme chez le loup. Ne jamais, jamais m'impatienter, ne pas m'en occuper, dire à l'occasion : « Dors, c'est la nuit. »

TROIS. Tenir le coup vingt et un jours avant d'espérer des résultats.

Les deux premiers soirs, j'avoue, j'ai donné le somnifère, le temps de nous habituer à l'idée. Relatif succès. Le troisième soir, j'ai respiré un grand coup en sortant de la salle de bain et en allant directement dans sa chambre. Le livre ayant déjà été lu les deux autres soirs, elle reconnut mes voix des personnages que je m'empressais de rejouer. Ouf... elle toucha avec moi la couverture matelassée, pas mal, pas mal, l'histoire... Au lit?

J'ai reçu, ce soir-là et les soirs de la semaine qui a suivi, tout ce qu'elle pouvait me lancer par la tête. Ses toutous, ses pantoufles, ses kleenex, son pyjama, sa couverture, sa couche et même ses crottes de nez. J'ai été insultée. « Gottt mâmâ. » (Ça, je n'ai jamais su ce que ça voulait dire. Au ton, j'entendais bien que ce n'était pas des compliments.) J'ai enduré des séances d'exorcisme en créole pendant une semaine. Au moins, elle restait dans son lit. C'était peut-être l'aide divine de mon grand-père tant invoqué. Quand elle parlait trop, trop fort, je me levais et allais m'appuyer sur le cadre de porte. Elle continuait de me voir en sentant mon éloignement. Quand ça empirait, je me retirais de sa vue en chantonnant ou en faisant du bruit avec mes pages jusqu'à ce qu'elle se calme en sachant que je ne l'abandonnais pas. Et elle se calmait. Je revenais m'asseoir, pour faire semblant de lire jusqu'à ce qu'elle s'endorme. En fait, j'observais ses réactions. Elle commençait à s'intéresser à moi. Un soir, après avoir tout essayé pour obtenir mon attention, elle s'est mise à parler un français presque impeccable.

J'étais renversée.

Elle avait résisté aussi longtemps qu'elle avait pu. Elle m'avait repoussée, moi, ma maison, mon pays, ma langue. Elle ne s'était soumise à rien, cramponnée à son petit bout de vie perdu, le protégeant avec courage. Elle avait étudié l'ennemie. Elle m'avait dit non pendant cinquante-six jours et là, à bout de forces, d'arguments, peut-être pour survivre, peut-être parce que ma persévérance l'en avait persuadée, elle commençait à s'abandonner. Je n'ai pas eu à attendre vingt et un jours, dès la deuxième semaine, elle s'endormit tous les soirs comme une vraie enfant.

Mon petit renard en chocolat se laissait apprivoiser.

Ses yeux

J'ai vu des yeux surpris, incertains et méfiants.

J'ai vu des yeux de peur, des yeux de panique. Des yeux perdus. Des trous d'homme sans couvercle. Des trous dévoreurs de compassion, un piège pour happer les autres yeux et les entraîner douloureusement jusqu'à son âme meurtrie.

Des yeux de colère, d'un noir à tuer.

Des yeux vides, le noir éteint, couverts d'un voile gris, des yeux opaques.

Des yeux blancs, révulsés, des yeux qui se noyaient de larmes, sans chercher de sens.

Des yeux rouges, des yeux fermés, des yeux brûlants.

Des yeux avides de manger, des yeux exigeants qui voulaient là et maintenant être rassurés, compris, rassasiés. Des yeux violents, des regards pour détruire. Des yeux de mépris, des yeux vengeurs, des yeux de haine et de douleur. Des paupières pour mordre.

J'ai vu des yeux d'étrangère, des yeux que je ne pouvais pas connaître. Des yeux moroses et silencieux qui me laissaient impuissante, sans indice.

Des yeux doux parfois un peu gris et un peu jaunes, comme le soleil après l'orage. Des yeux de questions, sans repère, des yeux fous d'être aussi perdus.

Puis, j'ai vu des yeux noir pâle, sans essence, des yeux à rien. Tristes sans résistance. Des yeux abattus, fatigués. Des yeux comme des mains tendues qui cherchaient à se fixer plutôt que de pleurer, parce que pleurer ne soulageait plus rien.

Des yeux résignés, des yeux qui mendiaient la paix, des yeux de gueux.

La minute M

Il y a, avant chaque indigestion, un chausson aux pommes de trop. Avant chaque dispute, un mot de trop. Chaque accident, une inattention de trop. Chaque décès, un malaise de trop. Chaque mal de tête, un verre de trop. Chaque coup de soleil, une exposition de trop. Chaque choc anaphylactique, une arachide de trop.

Il y a, pour chaque évènement, une charnière, le *one too many*, le jour J, la minute M. Il faut arriver à la seconde où tout bascule pour se rendre compte qu'on pouvait encore changer les choses la seconde d'avant, mais qu'il est trop tard pour la reprendre et qu'inexorablement l'histoire s'écrira avec ou sans consentement. Avec ou sans regret.

Je m'y suis rendue. Là. Une crise de trop, une impuissance de trop, ou trop fatiguée, trop amaigrie, trop sacrifiée. Ce soir-là, je suis allée à mon ordinateur et j'y ai écrit tout ce que j'avais appris sur Mélodine. Sa routine, sa façon de s'endormir, ce qui la rendait heureuse, ce qui ne représentait jamais une victoire.

J'ai écrit mes numéros de compte, mes NIP, les personnes-ressources pour Mélodine et mes affaires.

Un testament.

Il n'y avait plus de solution, je ne pouvais pas être une bonne mère. Je n'aurais pas la force de l'aider davantage. Si j'étais parvenue au bout de mes capacités après deux mois, je ne pouvais envisager d'être une bonne mère toute une vie. J'aurais dû demander de l'aide. Je l'ai fait, bien timidement, car ajouter ma détresse à la sienne était presque paniquant et l'admettre, trop honteux pour le faire à voix haute.

J'étais obstinée, pas si courageuse. J'avais sorti Mélodine de sa tourmente et au moment où sa peine s'était tue, la mienne s'était vue. La peine d'avoir été une enfant blessée de n'avoir connu que le conditionnel de l'amour et la peine, plus avérée, d'avoir été une adulte dure, ne me trouvant jamais rien de beau ou même de suffisant. Une adulte condamnée à faire plus pour essayer d'atténuer la cruauté de n'être jamais assez.

Je devais faire vite pour lui donner la chance de ne pas trop s'attacher. Elle était devenue une petite fille pleine de promesses. N'importe qui de bien pourrait maintenant s'en occuper en me maudissant pour la difficulté que je rajoutais. Je devais la débarrasser de moi, je n'étais pas assez bonne. Je n'avais jamais été aimée de la vie. Cet échec me décidait.

Après deux mois difficiles, sans bikram et sans sommeil, j'étais convaincue que je ne valais rien. Il n'y eut plus dans ma tête pour faire pardonner mon existence que de l'arrêter.

J'ai envoyé un courriel à Alain, celui qui, dans l'intimité, avait toujours été mon plus grand ami. Dans le noir de ma vision, c'étaient des mots que je ne pouvais dire qu'à lui.

« Je ne vais pas bien. Ou tu viens, ou tu appelles la police. »

Le naufrage

Alain est venu au matin. Je suis sortie marcher. Je n'ai pas amené Willy. Alain m'a regardée longuement sur le trottoir, inquiet. Il m'a laissée partir, et j'espérais qu'il le ferait. Je crois qu'il ne pouvait plus rien faire, c'était à moi de revenir.

Je me suis rendue au fleuve, comme je l'avais souvent fait avec les bouviers. J'ai marché dans l'eau, vers le large, des somnifères dans ma poche. J'y suis demeurée une éternité, gelée, sans sentir ni mes jambes ni mon cœur, attendant de rompre, enfin. J'aurais dû prendre les somnifères, avancer vers le large et ramollir. Le froid et le courant auraient fait le reste. Je me sentais lâche. Moi qui avais tout eu en apparence et elle, rien, en vrai. Elle qui s'était tant battue et moi qui abandonnais.

Je me suis assise sur une roche glaciale.

Mes yeux regardaient pour une dernière fois. Peut-être une fois encore, dans le reflet du fleuve, je verrais ce visage que j'avais tant récusé, le mou sur mon corps, toutes les imperfections dont je ne cessais de m'accuser, les défauts que j'étais. Je n'aurais plus, dans ma tête, cette encre qui m'inondait si souvent. Elle irait désormais noircir la pierre de ma disgracieuse révérence à la vie.

Des pensées me venaient comme des bulles qui éclatent à la surface, un chapelet lié aux pleurs. Qui s'occuperait de Willy, qui viendrait marcher au bord du fleuve maintenant que j'allais tacher la grève. Est-ce qu'une seule chose allait me manquer et faisait le poids en joie face à la souffrance qui m'écrasait. Est-ce que j'aurais mal quand l'eau allait chasser l'air de mes poumons. Est-ce que j'allais perdre mes orteils. Des interrogations molles auxquelles je ne cherchais pas de réponse.

Qui s'occuperait de ma fille.

Quelqu'un de mieux.

Ainsi ma vie finirait-elle ce matin-là, en pleine lumière, sans maladie. Ma tristesse aurait été aussi létale qu'un cancer. Quel repos, que mon corps se dissolve dans la planète, dans l'amalgame de toutes les énergies que j'avais tant de fois quémandées. J'allais mourir en mendiante, en suppliant mon cœur d'arrêter de battre et la nature de m'annexer. Le froid grimpait lentement le long de mes cuisses et aspirait ma vie, pour le peu qu'il en restait. Ma respiration s'alourdissait. J'aurais dû prendre les somnifères. Je resterais assise, sans résistance, je glisserais, toujours sans résistance. J'ai appelé fort, sans mot, la mort que j'avais tant d'années souhaitée en silence et dont le souvenir m'était revenu au contact d'une souffrance plus grosse que la mienne. J'ai appelé fort la mort qui viendrait, c'était sûr, sinon par défaillance de mon corps, au moins par charité.

Ben non.

Sur mon caillou glacé, les hémorroïdes viendraient avant la mort. La vie est tenace, même quand elle n'est plus la bienvenue. Je ne pouvais pas juste arrêter de vivre, tranquillement, je devais me tuer. Ou attendre longtemps, longtemps, longtemps, et éclater du cul.

Je devais me lever, suivre mon plan, marcher sur le tuyau d'égout jusqu'au bout, là où le fleuve devenait profond. Là, je n'aurais qu'à céder. Avec ou sans médicament, le courant m'aurait tirée sans façon ni regret. Pour mourir comme pour vivre, il me faudrait du courage. Faudrait me lever et me tenir debout, même sans jambes.

J'ai pleuré encore, des torrents. Il fallait que quelque chose soit remis à la nature, moi qui venais de lui promettre mon corps. Je me suis levée dans le bruit joyeux des baignades au cœur de l'été. Il aurait été bon de croire que mon sang, coincé entre ma tête et ma poitrine, avait réchauffé le lit de mon cœur et qu'il s'apprêtait à se réparer, il aurait été bon de croire que je revenais, que peut-être j'avais trouvé un peu d'espoir ou de vie.

Je ne venais que de me trouver un autre défaut, la couardise.

Je ne sais pas pourquoi je suis sortie de l'eau. Pour Mélodine, pour demander de l'aide, pour vivre, pour être soignée, à mon tour. Je ne sais pas pourquoi je suis sortie de l'eau. Je suis rentrée à la maison, en regrettant, moi qui ne regrette jamais rien.

Que je parte marcher sans Willy aurait dû être suffisant pour appeler le 911. Alain était aveugle, j'étais revenue et j'avais peur qu'il ne soit sourd. Dans ma bouche il y avait eu tant de mots de souffrance que j'ai dit le mot magique pour être sûre d'être entendue, je ne voulais plus rester seule, je n'avais plus de force.

Suicide.

Alain a fait quelques appels. « Suicide » n'est pas un mot léger. Je ne savais que pleurer et trembler, je ne voulais parler à personne. Il n'y eut plus, à la fin de la journée, qu'un seul lieu pour s'occuper de moi, l'hôpital psychiatrique.

L'asile.

Quand je suis arrivée à l'asile, je me sentais comme une naufragée dans une chaloupe percée, échouée sur une plage. Je me disais : « Enfin, on va prendre soin de moi. Je n'ai qu'à m'abandonner, pour une fois, on va m'aider pour vrai, j'ai fini de souffrir. » Je crois que j'ai vu un psychiatre. Ou deux. Je crois que j'ai raconté mon histoire une autre fois, peut-être deux ou quatre. J'avais le cerveau comme une compote de neurones. Du mou, rien de connecté. Il a fini par être tard. Nous avons pactisé avec un psychiatre pour qu'il me laisse dormir chez moi. Alain a promis de me veiller pendant la nuit. J'ai promis de ne pas me tuer dans la même maison que Mélodine et nous sommes repartis. Je n'avais qu'à m'abandonner pour une fois, on allait m'aider pour vrai. Demain, j'aurais fini de souffrir.

Ooooooooooh yeeeeaaaaah.

Alain m'a livrée au matin. On ne m'a rien dit avant le soir. Ni offert à boire ou à manger ni prévenue de ce qui allait arriver. Je me suis échouée sur une chaise vissée au plancher dans le milieu de la détresse et j'ai pleuré, là, devant tout le monde, sans retenue.

J'étais à l'urgence d'un hôpital psychiatrique. Je ne pouvais rien cacher, ni à moi ni à personne. Admettre et afficher autant de désespoir n'est plus gênant, c'est obscène. Il y avait la lumière du jour et celle des néons, pas un noir pour se dissimuler. Je n'avais ni faim ni soif, comme au moment où le froid ne gèle plus tellement il gèle. Je n'avais plus mal, j'ai pleuré. Je n'étais plus une personne, j'étais du chagrin.

J'ai vu une autre psychiatre, une autre fois. Sans finesse, elle aussi s'est invitée dans ma tête. Elle m'a demandé comment je comptais me suicider. J'étais muette. Arrêter ma vie ne la regardait pas. Je ne voulais pas partager ma peine ni la seule façon que j'avais trouvée pour m'en défaire. Je ne la voulais plus. J'ai eu envie de hurler que j'avais plein d'idées pour me tuer, mais pas une seule pour vivre. Que je n'avais juste plus d'énergie pour faire comme toutes les autres fois, mettre un pied devant l'autre et continuer cette vie qui n'avait jamais eu de sens. J'étais épuisée, triste et complètement blessée de ne pas trouver une seconde de réconfort ou de délicatesse. J'étais dégoûtée de cette perquisition si impudique. Je voulais dormir, je voulais qu'on m'achève. Je ne voulais pas lui parler, je ne voulais plus souffrir. Brutale, elle ne cédait pas, comment comptiez-vous mourir? J'ai raconté encore le fleuve et les médicaments. Je crois bien qu'elle aurait pu tout lire dans mon dossier. Non, les mots se devaient d'être dans ma bouche, comme des gorgées sures me brûlant la gorge et l'intérieur. Aucun inconfort n'était ménagé. Elle m'a demandé si j'avais un autre plan pour mourir. Je n'en pouvais plus, je ne voulais pas avoir à me défendre, je voulais que ça arrête. Je me sentais menacée, envahie. En venant à l'asile, je me croyais au plus mal et voilà qu'une psychiatre s'acharnait à me faire souffrir. Je me suis protégée, j'ai attaqué comme j'ai pu.

Je lui ai demandé si elle estimait que mon premier plan n'avait pas assez de chance de réussir pour que je doive en concevoir un deuxième. Je lui ai demandé ce qui ne fonctionnait pas : aurais-je dû prendre plus de médicaments ou attendre un plus gros courant ? L'eau n'était pas assez froide ? On ne va pas à l'asile parce qu'on est plus futé que son personnel. Mon sarcasme n'eut pas bel effet.

— Voulez-vous prendre des antidépresseurs ?

— Lisez sur mes lèvres, je ne veux plus vivre. Je ne veux pas de vos médicaments, je ne veux pas de votre vie. Je ne vivrai plus pour ne pas déranger avec ma souffrance. Je ne vivrai plus pour que personne ne se culpabilise de ma mort. Et je ne prendrai pas vos médicaments pour ne plus m'en souvenir.

— Avez-vous de la difficulté à dormir ?

— Oui, mais j'ai presque une excuse. Lisez mon dossier.

— Avez-vous de la difficulté à vous concentrer ?

Mes phrases étaient lentes et je le savais. J'avais de la difficulté à mettre mes idées en place. Je me sentais agressée. Je voulais répondre beaucoup plus rapidement avec le tranchant que j'avais toujours eu. J'y arrivais mal.

— Oui, je n'arrive pas à déterminer laquelle, de l'hypothermie ou de la noyade, peut me tuer en premier.

— Avez-vous perdu du poids?

— Oui, mais j'ai presque une excuse. Lisez mon dossier.

— Madame, vous avez une grave distorsion cognitive. Je ne peux pas vous forcer à prendre des médicaments, je peux cependant vous retirer le droit de décider pour vous. Vous resterez à l'hôpital au moins vingt et un jours. Je vais vous forcer à rester en vie.

J'avais une grave distorsion cognitive, c'était vraisemblable. Je ne me rappelle pas tous les mots de cette conversation, je ne me rappelle que le manque total d'empathie. J'étais en colère. Peut-être qu'en psychiatrie on combat le feu par le feu. Légalement, on me garderait en vie contre mon gré, cela résumait l'approche grossièrement minimaliste de mon traitement.

J'ai repris ma place sur la triste chaise vissée. J'ai pleuré encore, démunie. Le soir venu, on a approché des plateaux et tous les patients sont venus comme des animaux vont aux auges. De nouveau, personne ne m'a invitée, je n'ai pas mangé. Je me suis demandé sans curiosité où et si j'allais dormir. Peut-être sur la chaise vissée.

On a dit mon nom en pointant un téléphone, fixé au mur, bien à la vue. Alain m'appelait, il voulait savoir comment j'étais, m'offrait un pyjama, une brosse à dents. Je ne voulais rien, je ne voulais pas que quoi que ce soit de moi ou de ce qui pouvait me ressembler ou m'appartenir puisse vivre une seule seconde dans ces lieux. Comme une maladie ou des punaises, je ne voulais pas que quoi que ce soit ou de moi ou des personnes que j'aimais soit contaminé par l'asile. Je devais être l'unique offrande. Je ne voulais pas de pyjama, pas de brosse à dents, pas de visite. Alain insistait pour venir, j'étais désespérée, je voulais aller au cimetière des éléphants, seule comme les pachydermes savent faire pour mourir. Je ne voulais pas recevoir des amis ni parler à mots feutrés de ma peine. Je voulais qu'on m'euthanasie. Judith viendrait, Alain consolait Mélodine.

Mélodine. Une petite accalmie dans le déluge, cesser de pleurer sans regarder autour. Qu'est-ce que j'y pouvais, maintenant que j'avais abandonné ?

Pleurer.

À l'asile, on ne cherche plus à se donner une contenance. En ces lieux, le visiteur bien-pensant croit apporter du réconfort, il n'apporte que la honte. La honte d'être là, de ne pas avoir été capable de prendre soin de soi. La honte de sa faiblesse, ou de son aveu, la honte de laisser voir sa laideur intérieure. La honte de déranger parce qu'on avait tout eu en apparence et qu'on aurait dû en être satisfait. À l'échelle du miroir, Judith me donnait zéro. Je crois que je n'allais vraiment pas bien.

Je me suis couchée sur le lit qu'on m'a pointé dans la chambre des femmes. Cinq lits étaient alignés sans intimité. Personne ne s'est soucié de me voir couchée habillée, avec mes chaussures et sans couverture.

Personne n'a cherché à savoir si je pouvais être moins mal. On ne m'a pas proposé de serviettes. Je ne me serais pas lavée. Je ne voulais même pas laisser des peaux mortes. Ni même d'urine. Un infirmier est venu me porter des antidépresseurs. J'ai refusé, comme je l'avais déjà fait avec les psychiatres. Il est reparti avec ma dose en chantonnant, bien, bien, bien, bien, bien, comme si j'allais subir des conséquences graves. Ou comme s'il était un autre malade qui jouait au docteur.

Je n'avais pas encore peur.

J'ai pleuré pendant deux jours, les yeux assez inondés pour ne rien voir. J'ai revu des psychiatres, jamais le même. Mais toujours en commun le manque de délicatesse. Bing bang, rentre dedans, tant pis pour les prudents. Ils me faisaient regretter les religieuses. Elles étaient d'une race prête à se faire mettre des tisons sous les ongles pour leur conviction. Quand elles étaient hospitalières, nous étions bénis. Une couverture bien tirée sous le menton, une petite tape sur la main, un « ça va aller mieux ». L'asile était aussi malade que l'autre milieu hospitalier. Dans les deux cas, avant, on y venait pour aller mieux, maintenant, on y venait pour ne pas mourir.

J'ai cessé de pleurer et j'ai ouvert les yeux. Il n'y avait aucun fil électrique atteignable, aucun meuble qui n'était pas vissé, aucun accessoire. Tout était gardé sous clé, toutes les portes et les fenêtres verrouillées. Il y avait des malades qui se berçaient dans des chaises droites, qui chantaient sans musique, qui parlaient sans ami. Il y avait une grosse Inuite échouée sur un lit de camp dans le corridor, les poignets largement pansés. Je ne l'ai jamais vue bouger et ni vu personne s'en inquiéter. Il y avait un jeune homme colérique et menaçant, prêt à exploser. Une vieille dame qui ressemblait à un toutou ; une peluche trop douce pour être là. Une magnifique jeune fille plus blanche que la lune, nue et drapée dans ses couvertures, qui apparaissait à l'occasion ; le temps, pas plus que la raison, n'existait pour elle. C'était kafkaïen, on aurait dit qu'un directeur artistique avait revu la scène. Les lunettes cassées rafistolées au *scotch tape*, le gris-vert des murs sales et mal réparés, le nœud papillon des psychiatres, tout était surréel. Même le personnel.

Le personnel « médical ». Distinguer les infirmiers des autres malades était facile, c'étaient ceux qui avaient les clés. Sinon, rien de ces prétendus soignants, ni leur manipulation, ni leur condescendance, ni leur méfiance, ni leurs manières, entre puissance et empathie, ne les distinguait des soignés. Sauf les clés. On n'est normalement pas trop lucide à l'urgence d'un hôpital psychiatrique. Heureusement.

Tout le monde justifiait plus ou moins sa présence, le personnel avec ses clés, les malades autrement. Les habitués connaissaient les façons de la maison : ils savaient quel bâtiment était préférable pour un séjour à long terme, ils savaient quels médicaments, quel traitement réclamer, quoi refuser ou exiger au nom de leurs droits. Ils connaissaient les infirmiers, savaient quel jour se présenter à l'urgence pour obtenir ce qu'ils voulaient. Ils savaient quoi dire pour manipuler le personnel. Des malades professionnels, des fous organisés. Ils avaient manqué leur dosage ou un méchant de leur entourage avait manigancé pour les faire enfermer. Ou leur cervelle s'était emmêlée.

Fred occupait une chambre individuelle parce qu'il était trop violent. Il s'inventait des histoires, les croyait et hurlait pour les défendre. Les infirmiers avaient un protocole pas particulièrement sympathique pour se grouper autour de lui et le contenir jusqu'à ce qu'il se calme. Pierre était son travailleur social. Il avait une mallette et Fred et lui planifiaient des sorties en invoquant leurs droits «constitutionnels». Les infirmiers ne répondaient à aucune de leurs demandes, Pierre était un autre malade. Line avait vu sa famille comploter contre elle parce qu'elle savait tout l'argent que son amoureux avait fait en complotant pour échanger les machines du casino avec l'aide d'un groupe international qui avait comploté contre lui. Line avait vu l'ensemble du complot dans une soucoupe volante. Les infirmiers ne lui accordaient rien, surtout aucune crédibilité quand elle leur réclama son cellulaire que je l'avais pourtant vue remettre aux infirmiers. Olivia avait un conjoint aussi fou qu'elle. Arrivés ensemble, ils attendaient leur place pour un plus long séjour. J'avais vécu beaucoup de premières fois depuis le séisme en Haïti, là, je rencontrais la vraie maladie mentale, celle des préjugés et des appréhensions. C'était flagrant que les malaises, ici, étaient écrits dans le sang, pas dans la volonté des malades.

Puis, il y avait les occasionnels, les désespérés, les cœurs cassés, ceux dont je faisais partie. Je crois que nous étions les plus souffrants, ou les plus conscients de la souffrance, la nôtre et celle des autres. Pas parce que nous étions des génies, juste parce que nous étions encore un brin sur la planète.

Un caillou sur mon chemin.

Une jeune fille m'avait expliqué sa présence avec cette belle formule tout empreinte de poésie, elle était venue étudier, sans parent, sans ami, sans trop d'argent. Elle avait trébuché sur un caillou sur son chemin. Le beau de son hospitalisation, c'était de la voir ressortir toujours sans parent, sans ami, sans trop d'argent avec une ordonnance d'antidépresseurs. Il y avait aussi cette dame fatiguée de sa solitude, fatiguée vraisemblablement qu'on ne se soucie pas d'elle. Elle avait tenu ses voisins en otages avec des ciseaux de cuisine. Et ce beau jeune homme, bien habillé, qui avait perdu son business et son goût de vivre. À croire qu'on a tous la minute M inscrite dans l'horloge et qu'elle attend la petite aiguille.

Un caillou sur le chemin.

Les gens qu'on croise dans la rue, sans qu'on sache ce qu'ils portent, étaient les mêmes assis près de moi. Ici, à la lumière crue de l'asile, on pouvait lire leurs histoires. La mort, la détresse, la douleur, la peur, le vide, le rien, comme dans pas de sens, pas de vie. Des quotidiens difficiles, de la négligence, du manque d'amour et de moyens, du travail abrutissant et encore de la solitude et du désintérêt. Des rêves qui n'arrivent jamais. La loterie qui ne se gagne pas. Des petites vies banales, sacrifiées au progrès du grand NOUS. Des offrandes pour une grande société « évoluée », égoïste, gourmande et insatiable.

Sur le coup de vingt et une heures se jouait une scène du clip *Thriller* sans Michael Jackson. C'était l'heure des zombies, l'heure des médicaments qui les transformaient tous. Les yeux secs, je pouvais voir et je ne le croyais pas. Les patients que j'avais connus n'existaient plus pour quarante minutes, certains jusqu'à ce qu'ils s'endorment. Ils étaient assommés. Ils avaient tous l'œil vide, la bouche molle, les phrases lentes. Line ne s'est pas rendue à son lit, elle a fait une pause au mien. C'était, pour tous, un moment de confidence ou d'abandon, selon la prescription. J'étais dans un film de fous et je n'avais pas encore peur.

Nuit noire sans sommeil. Bon matin, vous avez de la visite. Ayoye. De la visite.

Je ne pouvais pas croire que des visiteurs avaient eu l'idée de me voir trôner sur la chaise vissée, moi, la reine de l'échec. Quel embarras d'avoir un seul regard sur ce qui restait de moi. Je ne pouvais pas croire que j'endurais des visiteurs ou que je les ménageais en choisissant mes mots. Qu'est-ce qui m'était arrivé? Je ne pouvais pas croire que je devais même répondre. Comment expliquer toutes les heures auxquelles j'avais été exposée, minute par minute, complètement impuissante devant autant de détresse, comment prétendre que j'avais attrapé du chagrin, moi, une adulte gâtée, libre, consciente et volontaire? Comment dire que j'étais devenue un courant d'air dans toutes les conversations tant Mélodine souffrait, que même moi, j'en avais oublié d'exister? Comment expliquer que je n'avais pas cherché d'aide ou que j'avais toujours été souffrante? Comment expliquer le fleuve?

Je ne pouvais croire les banalités dans ma bouche, alors qu'il n'y avait que des mots de mort dans ma gorge. Éviter le sujet, à l'asile, comme si j'y étais venue pour un lifting, c'était de l'acrobatie de compétition. Je ne pouvais pas parler de ma détresse à l'asile, j'avais peur que les murs m'entendent et m'assimilent. Je ne voulais pas laisser de peaux mortes, je ne voulais pas être là.

Pendant une de ces visites, une infirmière est venue me dire de ramasser mes affaires, que j'avais obtenu ma chambre. À l'asile, une visite, ça vient s'asseoir dans le corridor, sur une chaise vissée. Près du béluga blessé. Pas d'intimité. L'infirmière me parlait en anglais. Ma visite lui demanda de s'adresser à moi en français.

— Je viens de lui parler, en anglais. Nous avons discuté pendant une heure, elle doit accepter d'aller dans l'autre building pour un long terme.

J'ai bondi de la chaise vissée. C'était mon premier joule d'énergie.

— Vous faites erreur, ce n'était pas moi. Je suis francophone et vous ne m'avez pas parlé.

À l'asile, si vous avez du caractère, vous devenez un caractériel. En vous fouillant à la porte, le garde de sécurité vous retire votre dignité et même la certitude que vous en avez déjà eu. Vous n'êtes plus une personne, vous êtes un malade. Mental. Vous êtes mal parti pour avoir raison.

— Nous en avons assez discuté. Si vous ne coopérez pas, j'appelle la sécurité.

J'ai haussé le ton, j'avais un rôle dans le film de fous. Les infirmiers se sont approchés, ameutés par les éclats de voix. Une autre infirmière s'est interposée.

Non, non, il y avait erreur, je n'étais effectivement pas la bonne patiente.

— Excusez-moi.

J'ai crié.

— EXCUSEZ-MOI ? Excusez-moi ? Vous allez vous excuser et filer comme ça ? Savez-vous ce que vous venez de faire ? Vous venez d'insinuer que je n'avais plus ma raison, moi qui me bats pour la garder. JE VEUX VOIR UN PSYCHIATRE MAINTENANT.

Les arguments et contre-arguments se sont accumulés, ma visite contribuait. Je ne me suis pas calmée jusqu'à ce que Line, une autre patiente, prenne doucement ma main.

— Calme-toi, ça va devenir pire…

Là, j'ai eu peur. J'ai vu les infirmiers tout autour, prêts à intervenir.

Dès ce moment, ma perception, mon attitude, tout a changé. Je ne savais plus ce que j'étais venue faire à l'asile. J'avais pensé qu'ils auraient pu m'euthanasier, émus de ma souffrance. Ou bien qu'ils arriveraient à me guérir, puisque je ne savais pas le faire, mais je ne voyais pas d'où viendraient les soins. Ceux qui devaient me soigner me faisaient peur. Je ne sais pas ce qui est le plus épeurant, d'avoir pensé au suicide ou d'être à l'asile pour l'avoir essayé ?

Je ne sais pas si la peur est une forme de thérapie. J'ai arrêté de mourir quand j'ai eu peur que l'asile me tue.

Il y a eu une étincelle entre mes électrodes. Mon moteur est reparti, de peur.

J'étais loin de la sortie. J'étais en attente d'une chambre pour un séjour minimum de vingt et un jours.

J'ai compris le sens de «perdre ses droits légaux». Je ne pouvais plus décider pour moi. Je devais convaincre le psychiatre de service que je le pouvais encore.

Ooooooooooh yeeeeaaaaah.

À l'urgence, vous avez droit à une rencontre par jour avec le psychiatre, si et seulement si il est mentionné dans votre dossier que vous pouvez effectivement être revu, et encore si et seulement si vous avez réussi à convaincre l'infirmière qui filtre les demandes que vous avez une bonne raison d'être revu. Je venais de passer deux mois à ne pas dormir, j'avais perdu dix kilos et je n'étais pas particulièrement en forme, mais j'ai été assez persuasive pour qu'on m'autorise à rencontrer un psychiatre. C'en était une nouvelle, à qui j'ai raconté mon histoire, cette fois sans sarcasme, ni sur le fait que je me racontais pour la deux millième fois ni sur le fait qu'elle aurait dû prendre connaissance de mon dossier. J'ai décrit l'exceptionnelle réaction de Mélodine, mon manque de temps, de préparation. J'ai dit que je venais d'un milieu aisé, que j'avais été élevée dans la ouate, que j'avais un bon travail, de bons amis. J'ai dit que je n'appartenais pas à ce lieu de misère de gens brisés. J'ai dit que je ne voyais à l'asile que de la pauvreté, pauvreté de ressources, pauvreté d'empathie, de soins. Pauvreté humaine. J'ai dit que rien dans ce lieu ne ressemblait à de la guérison ni même à des soins. Elle m'a dit que j'étais agressive, je lui ai dit que non, que je reprenais ma nature, que j'étais combative.

Je ne l'ai pas convaincue, meilleure chance la prochaine fois. Pas de droits, pas de chocolat.

J'avais de plus en plus peur.

Ce soir-là, dans ma position de l'arc, tendue entre mes omoplates et les os de mes fesses, par-dessus les couvertures et avec mes chaussures, j'ai écouté les histoires des autres femmes. J'étais sidérée. Certaines étaient touchantes, d'autres plus effrayantes, elles avaient toutes en commun de paraître vraies. Comme les miens, les mots qu'elles disaient étaient sincères. Je n'avais aucune chance de convaincre les psychiatres. J'étais, moi aussi, une « malade ». Mentale. Les psychiatres et les infirmiers avaient dû entendre tellement d'histoires, des histoires sinistres, incroyables, des abracadabrantes, des dures, tellement qu'aucune d'entre elles ne pouvait les émouvoir. Nous étions tous des malades. Mentaux. Ce soir-là, et l'autre d'après, j'ai écouté les histoires et réconforté les zombies comme j'ai pu. L'empathie me revenait.

Le vendredi matin est arrivé un nouveau patient. Adil portait des lunettes et des vêtements *trendy*. Le caillou avait dû venir vite sur son chemin, car il n'avait pas eu le temps de se changer pour l'asile. Il détonnait comme un orteil dans le front. Nous nous sommes liés tout de suite. Il faut dire que, dans les tranchées, on ne regarde pas trop au protocole. Adil avait compris en arrivant que l'asile ne lui apporterait aucun réconfort, sauf qu'une fois les portes refermées derrière lui l'hôpital devenait responsable et ne pouvait le remettre à la rue sans s'assurer qu'il n'était pas en danger. Adil a attendu toute la journée d'être reçu en « maison d'hébergement de crise ». J'avais dû oublier de cocher une case ou j'en avais coché trop, c'est pour ça que je me retrouvais enfermée à l'asile… bref, Adil, lui, s'était arrangé pour ne pas être là pour longtemps.

Adil était un ange musulman sorti du conte de Shéhérazade. À moins qu'il n'ait lui-même été Shéhérazade. Il m'a raconté son histoire, mais surtout d'où il venait. Il m'a parlé de manger, de pays exotiques, de voyages, de rêves. Il m'a rappelé ce que j'aimais de la vie. Ma tête, charmée par les épices et la soie, les couleurs exotiques et la chaleur, ma tête, qui m'avait toujours forcé le pied devant l'autre quand mon cœur y manquait, a repris du service. Je ne pouvais rester là. Adil en convenait en découvrant au néon, comme je l'avais fait avant, à quel point nous n'étions nulle part et à quel point la misère s'immisçait dans nos êtres quand on nous traitait comme des miséreux. J'avais un témoin lucide et intelligent. Je lui ai fait remarquer que je m'attendais à entendre l'égratignure sur son disque, à ce qu'il me parle de soucoupe volante ou de son amitié avec Donald Trump. Il m'a répondu qu'en dehors de mon manque flagrant d'hygiène il n'avait encore rien remarqué de saugrenu chez moi. Nous avons ri. C'est vrai que je sentais, cinq jours sans me laver ni me changer, ça s'accumulait. J'ai ri.

Bienvenue la vie. Je ne dis pas que j'étais guérie ou « sauvée ». Je ne dis pas que j'avais envie de reprendre les nuits et les jours d'épreuves qui viendraient encore. Je ne dis pas que j'étais en paix, bien ou seulement reposée. Je dis juste que, miraculeusement, ma force de vivre était revenue. Cette intensité qui m'empêche de sombrer, ce désir insatiable de tout goûter, et le meilleur, de rendre tout beau, d'aller plus loin et de me dépêcher d'y aller, comme si j'avais la mort à mes trousses, cette forme étrange de désespoir me revenait et me redonnait… espoir. Rien n'avait changé, mais je n'y pensais pas, je ne pensais qu'à m'échapper de l'asile. J'étais arrivée les yeux et les sens bouchés, maintenant que ça revenait, je ne voulais pas voir la misère plus profonde. Je ne voulais pas consoler Line ou le toutou, le soir venu, dans leur surplus de médicaments. Je ne voulais pas douter de mon discernement. Je ne voulais pas douter d'avoir remis mon cellulaire à l'infirmier. Je ne voulais pas me protéger d'un système qui aurait dû prendre soin de moi. Je voulais du repos et des effluves de lavande.

Alain est venu me visiter une autre fois, ce vendredi. J'ai parlé à voix basse. Je ne voulais pas que les infirmières m'entendent comploter. Quand on commence à comploter, à l'asile, ou bien on a compris qu'il faut vraiment être lucide pour déjouer le personnel ou bien on a atteint le même degré de lucidité que la moyenne des autres malades. Ligne fine. Vite ! Je commençais à douter de quel côté j'étais. Alain se sentait coupable de m'avoir amenée, mais n'y pouvait plus rien. Adil était parti, je m'assombrissais et j'avais peur de nouveau. Alain a insisté pour rencontrer la psychiatre avec moi. La voix de ceux qui franchissent les portes barrées sonne mieux aux oreilles de ceux qui ont les clés. Il a obtenu la rencontre et joué son plus grand rôle. Moi, je suis devenue actrice, consciente de chaque mot de mon texte. J'ai parlé de ma fille qui m'attendait. J'ai nommé ma fragilité, j'ai acquiescé aux médicaments. Alain a promis de veiller sur moi.

J'ai accepté d'être suivie par un psychiatre et un psychologue, en équipe «d'intervention de crise», une fois rendue chez moi. J'ai juré de demander de l'aide.

Un caillou sur mon chemin, les doigts croisés dans le dos. Mon effondrement n'était pas que circonstanciel. Je n'ai pas dit que ma peine du moment, justifiée, s'était nourrie de mes vieilles souffrances. Ma peine avait toujours été profonde et la mort, une compagne de longue date. J'étais un petit poulet pas de plumes qui s'était rendu à l'épuisement. J'avais déjà raconté mon existence en long et en large en thérapie, plutôt plus que pas assez, alors que pouvaient ces soignants débordés, aguerris à une clientèle lourdement plus amochée et qui ne me connaissaient pas? J'aurais pu aussi être attachée chez moi, ç'aurait eu le même effet thérapeutique. Je n'ai rien dit. Pour une rare fois dans ma vie, terrorisée à l'idée de rester à l'asile, j'ai dit les mots qu'on voulait entendre.

Miracle.

J'ai récupéré mes droits, obtenu mon congé. J'aimerais dire que nous avons été convaincants ou que la psychiatre a eu un moment de lucidité et a convenu qu'effectivement les soins étaient moins que suffisants. La vraie raison est que, n'ayant pas obtenu de chambre pour la fin de semaine, j'occupais toujours un lit aux urgences. Un lit qui devenait très rare, le vendredi soir. Je n'y aurais pas pensé, c'est Line qui me l'a expliqué en me glissant son numéro de téléphone. Je n'y croyais pas, je suis sortie en marchant très vite, je ne voulais pas courir et attirer l'attention. Dans la voiture, j'ai dit à Alain d'accélérer, je voulais m'éloigner le plus vite possible, être sûre de ne pas être rattrapée et enfermée avec les fous.

Folle.

Je n'ai jamais appelé Line par peur d'attraper l'asile, comme une maladie qui revient, peur d'avoir déjà le microbe dans le sang. Je lui ai envoyé des fleurs, par respect pour sa bataille, sa lutte désespérée pour s'accrocher à son peu de lucidité dans un système débordé qui, par manque de moyens et d'empathie, sape ce qui lui reste sans finesse et sans prévoyance.

Judith m'a accueillie à la maison, m'a serrée dans ses bras, m'a dit les mots les plus surprenants et les plus beaux à dire à quelqu'un qui revient de l'asile.

« Je t'aime comme ça, je t'aime pour ce que tu es. »

Je suis montée me coucher dans mon lit. Willy m'attendait et, ce soir-là, je crois que lui aussi a pleuré.

L'éclaircie

On pense parfois qu'on est irremplaçable et que, sans nous, la Terre se retient de tourner. Dans une autre galaxie, Mélodine avait survécu à mon absence, s'était même très bien entendue avec Alain. Il n'y avait pas eu de grosses crises, peut-être beaucoup de larmes chaudes, salines et saines. Elle avait mangé d'autres plats, entendu d'autres histoires, joué à d'autres jeux. Aussi surprenant que cela puisse paraître, elle n'avait pas eu de réactions particulières au changement de garde. Elle était sortie du Grand Chaos, un détail n'allait pas l'y replonger. L'environnement était resté le même. Judith venait faire son tour. Alain était revenu vivre dans une maison qu'il connaissait par cœur et il avait semblé que de ne pas le voir chercher les chaudrons avait suffi pour rassurer Mélodine.

Alain avait ouvertement pleuré, triste de me voir si défaite, peut-être qu'il avait pleuré un peu aussi la vie que nous n'avions plus et que les murs lui rappelaient. Il avait expliqué à Mélodine que j'étais partie me reposer dans une grande maison. C'était le mieux qu'il puisse dire. Mon absence ne l'avait pas tétanisée, mais, comme moi à l'asile, quelque chose s'était arrêté pour repartir autrement. Comme moi, elle avait dû sentir une menace plus grande que sa souffrance immédiate. Et si je disparaissais à mon tour? Comme sa mère, son pays, son orphelinat, sa vie antérieure. S'était-elle déjà suffisamment attachée pour craindre ma disparition? Était-elle mieux au point de devenir un peu lucide? Avait-elle été émue de la peine d'Alain?

Je ne sais pas. On ne revient pas de l'asile comme on revient de vacances. On ne demande pas ce qui s'est passé pendant qu'on était parti et on ne parle pas de l'hôtel. La maladie mentale laisse des traces et un genre de peur que ça revienne. Comme Mélodine à son arrivée d'Haïti, j'étais en hypervigilance, agitée comme un écureuil. J'avais toujours été forte, pensant que j'étais seule contre la vie et que je devais résister. En allant à l'asile, j'avais échappé mes œufs. Je ne pouvais plus avoir la prétention d'infaillibilité. Je ne pouvais plus rester debout, même sans jambes. Je ne pourrais plus résister, comme je l'avais toujours fait, à ma souffrance et à la colère de ne pas m'en débarrasser. Je ne pourrais plus résister en sachant les cailloux sur mon chemin et les œufs cassés. Je ne le savais pas encore, en sortant de l'asile. Je savais juste d'instinct que j'étais de nouveau assise entre deux chaises et que je n'avais pas envie de forcer des genoux. J'ignorais sciemment mon séjour pour souffler un peu. Si je n'avais jamais aimé les situations floues, cette fois, je m'en accommodais.

Mes acariens n'étaient pas morts à l'asile quand Alain est retourné vivre chez lui. La réalité me rattrapait vite. Pas que Mélodine refaisait des crises, non, elle semblait s'apaiser. Elle n'était plus le petit animal disjoncté, elle devenait une enfant qui avait tout à apprendre et à reprendre. Une vie « normale », avec des jeux, des câlins, des dodos, plus jamais ceux du jour. Et aussi des courses, du lavage, du ménage, du manger équilibré, protéiné, varié, plein de vitamines. Mélodine voulait toute mon attention, c'était entendu. Entre l'arrivée catastrophe, les deux mois de crises et l'asile, je n'avais pas eu un seul moment pour penser à moi. J'étais toujours épuisée.

« Penser à moi », l'expression consacrée. Est-ce moi qui vis tout croche ou il y a vraiment des moments où, même au plus mal, on n'a pas le choix de s'ignorer ? « Prends soin de toi », « pense à toi », ce sont deux recommandations qui devraient être bannies par la Constitution. Quand les gens disent « prends soin de toi », on devrait pouvoir les obliger légalement à laver des lépreux. Pour bien faire comprendre que, des fois, il est impossible de se laver soi-même.

Alain nous téléphonait régulièrement, pas trop. Juste pas assez pour me rappeler la force que je devais reprendre seule et au plus vite.

Hum.

On est toujours seul, même bien entouré. Un cancéreux qui suit une chimio a beau avoir beaucoup d'amis, ce n'est que dans ses veines que le poison coule. « On t'aime », « on est là pour toi », « on va te faire du manger mou ». Ah ouin, hein, qui va le manger ?

Je n'ai rien contre l'amitié ou l'entourage, au contraire, mais il faut bien admettre qu'absolument personne ne vit la peine à notre place et que même si on est enterré d'empathie, on est toujours seul dans sa tombe. J'étais allée à l'asile. Rien n'avait été guéri ni n'avait même changé. Je crois qu'il n'y a pas d'aveu plus clair que de se rendre à l'asile pour avoir courtisé la mort et, malgré tout, onze jours après mon bain dans le fleuve, j'étais chez moi, seule avec ma difficulté de vivre et beaucoup de plats congelés. Dans la peine, à qui peut-on s'adresser, de quelle façon doit-on parler pour non seulement être entendu, mais pour recevoir une réponse? Qu'est-ce que j'aurais dû faire de plus pour être aidée, vraiment?

«Prends soin de toi.» «Je pense à toi.» «Repose-toi.» «Pense à toi.»

Aussi éteinte que j'aie pu l'être à ce moment-là, j'avais besoin de la vie. J'aurais eu besoin que la vie se continue et besoin de m'en absenter un peu. Des effluves de lavande, des odeurs de manger dans une maison en musique, les fenêtres ouvertes. Des choses qui se fassent sans moi. J'aurais eu besoin que quelqu'un me dise: «Arrête-toi, je vais conduire.» Peut-être que, là aussi, j'étais dans l'erreur. Peut-être que, si on n'est pas en état de conduire, on ne peut pas continuer sur la route et prétendre qu'on avance encore. Peu importe, personne n'a conduit pour moi.

Je ne sais pas comment j'ai tenu le coup. En fait, je ne le tenais plus. À défaut du bikram que je n'avais plus le temps de pratiquer, j'avais bien repris les antidépresseurs. Je devais réhabituer mon corps avant qu'ils ne m'anesthésient un brin. Les antidépresseurs peuvent, à l'occasion, provoquer un peu d'angoisse avant de relever l'humeur. J'ai évidemment eu l'occasion. J'étais chimiquement aidée, mais j'avais des raisons d'être angoissée. Je n'avais toujours pas appris à être une mère (je ne dis même pas une bonne) et je devais en être une. Je n'avais toujours pas plus de sous. Je ne savais toujours pas vivre autrement que dans ma tête et là, je devais me blottir contre un petit cœur qui le demandait. Je n'arrivais toujours pas à « prendre sur moi » et j'avais toujours honte de ne pas y arriver.

Sous la pression du temps qui presse.

J'ai suivi la seule idée qui m'est venue pour ne pas paniquer, je suis allée chez ma mère. La pauvre n'avait pas beaucoup ri de me savoir à l'asile avec « suicide » au dossier. Elle nous a reçues, Mélodine et moi, comme si nous revenions de l'enfer. C'était un peu vrai. Il n'y eut pas un seul mot laid prononcé, comme mort, suicide, fleuve ou noyade. Pas de question, pas même de curiosité. Ça m'arrangeait. Ma mère cuisine le meilleur manger du monde. Je pouvais dormir tranquille au sous-sol, comme si j'avais seize ans, et rien dans la tête, elle s'occupait de Mélodine et du chien. J'ai dormi, le matin, le midi, l'après-midi, le soir, la nuit. J'ai dormi pour en perdre des bouts, j'ai dormi pour me reposer, j'ai dormi pour manger en me levant, j'ai dormi pour ne plus tenir le précipice à deux mains et les avoir libres pour essayer de prendre Mélodine.

Avec Mélodine, je revenais chez nous quelques jours, le temps de tenter de vivre sans aide, puis je retournais chez mes parents, épuisée, reprendre des forces. Ils venaient à leur tour, passer un moment. Avec ma mère, plus rien n'était pareil. Plus de négation, plus de critiques. Alors que je semblais n'avoir jamais satisfait à ses exigences, tout à coup, près de la mort, j'avais été graciée. Ce n'est pas toujours important de nettoyer le cabanon à la grandeur, pourvu qu'on trouve de la place pour ranger son bicycle. J'acceptais avec gratitude de ne plus devoir me défendre devant elle, qui devait m'aimer inconditionnellement. J'acceptais avec gratitude une grand-mère qui n'était dorénavant plus raciste.

Mélodine s'attachait à ma mère et ça lui était bien rendu. Mélodine savait charmer, comme tous les enfants de la misère, elle savait qu'un adulte conquis l'assurait du meilleur.

J'ai tenu le coup grâce à ma mère, qui me permettait de dormir et de faire taire mes pensées qui convergeaient vers le noir. J'ai tenu pour les yeux de Mélodine qui me regardaient désormais autrement. J'ai tenu parce qu'en revenant, par intégrité, je ne pouvais plus abandonner Mélodine. Je ne dis pas par amour ni par attachement, car je sais maintenant qu'il n'y avait eu aucune place pour faire pousser les beaux sentiments, et pas parce que j'en étais incapable. Les beaux sentiments, ceux qu'on trouve plus nobles. Tenir le coup, dans les circonstances, ne l'était peut-être pas, c'était au moins courageux. J'ai tenu le coup pour elle, une journée à la fois, me disant, comme avant, que si j'avais réussi à être là hier, j'arriverais à demain.

Alain nous téléphonait régulièrement, pas trop. Assez pour me rappeler qu'ils m'avaient manqué, lui,

Lou et l'autre bouvier. Assez pour me rappeler qu'il était un bon père.

La vie continuait, claudicante. Je me remis aux formalités administratives que la venue précipitée de Mélodine n'avait pas permis de remplir. Mélodine était arrivée sans aucun papier. À l'aéroport, l'immigration lui avait donné des papiers et une carte d'assurance maladie provisoires. Il était grand temps d'officialiser sa naissance, notre lien et, simplement, son identité. J'ai accompli une ou deux démarches pour constater que s'il avait fallu que les papiers temporaires soient échus avant l'obtention des permanents, administrativement, Mélodine aurait cessé d'exister. Nous étions dans un vide bureaucratique aussi spectaculaire que le contexte de sa venue. J'avais trouvé le dossier d'adoption un peu lourd à monter, en fait, c'était léger. Le gouvernement canadien avait beau se vanter d'avoir mis en œuvre des procédures spéciales pour la venue des petits Haïtiens, il avait oublié d'en prévenir ses fonctionnaires. Le Québec opérait un peu mieux, mais il arrivait toujours un moment où un des deux attendait un papier de l'autre.

À en perdre mon latin. Des sous, du poireautage, des photos de passeport, noooon, des photos pas de passeport, des photos de passeport, avancez en avant, reculez de deux cases, changez de formulaire, vous vous êtes trompée. Vous avez payé ?

L'agence ne faisait rien dans le dossier. À peine un papier pour confirmer que Mélodine était bien arrivée et que j'en avais la garde. L'agence me réclama la totalité des frais pour des services que, bien évidemment, je n'avais pas obtenus. Elle me réclama en plus des frais d'accompagnement alors que j'avais reçu ma fille des mains d'une bénévole d'Air Canada, d'un avion affrété par le gouvernement canadien.

Ai-je déjà dit que ma confiance dans l'agence d'adoption avait considérablement diminué ? Pour en finir avec elle, je me promis de lui donner le dernier papier que les procédures normales d'adoption exigeaient : un rapport d'évaluation par une travailleuse sociale de la situation avec Mélodine, six mois après son arrivée. Un rapport pour Haïti. Je crois bien que les six cents dollars exigés auraient été plus utiles que le papier, mais, encore une fois, on ne m'avait pas demandé mon avis.

Le rapport fut plus que favorable. Mélodine avait pris du poids, de la santé, du vocabulaire. Même partie de loin, Mélodine rattrapait et dépassait tout ce à quoi on pouvait s'attendre d'une enfant dans sa situation. Mme Bonsoleil ne travaillant plus, j'avais dû m'adresser à une travailleuse sociale que je ne connaissais pas pour l'évaluation. La dame fut éblouie, elle trouva Mélodine vive, loquace, charmante, belle, épanouie, habile et, surtout, elle savait qui était sa famille. Nous avions déjà un lien fort, et c'était pourtant la plus grande difficulté de l'adoption. Elle s'attachait aussi à Lou.

Et à Alain.

On ne fait pas une nouvelle recette quand on a faim ; on n'essaie pas de nouveaux chemins quand on est pressé d'arriver et on ne sort pas de ses souliers quand on s'inquiète du sol. Tout allait pour le mieux et, franchement, nous n'avions rien volé. Mais j'étais fragile comme un œuf fêlé. La peur me rognait un peu tous les soirs. La peur d'être folle. La peur de ne pas arriver à parfumer notre vie de lavande et d'oxygène. La peur de ne plus jamais retrouver l'énergie que j'avais avant de ne plus dormir, avant qu'elle arrive. La peur d'être seule et de n'être rattrapée par personne. J'ai remarché dans mes traces, je n'avais pas la forme pour inventer une nouvelle existence.

J'ai proposé à Alain de revenir vivre à la maison.

Je ne savais pas si c'était une bonne idée, lui non plus, c'en était au moins une pour m'aider. Avec Alain à la maison, nous formions une famille. Nous avions eu sa fille, là, nous avions la mienne. Mélodine avait un père, une sœur contente, deux chiens, un chat. Nous étions passées de deux dans les tranchées d'une guerre difficile à quatre dans la joie. Il faisait beau et c'était l'été, Mélodine faisait de la bicyclette avec deux parents.

Ma mère était toujours gentille, réconfortante et disponible. Mon père était heureux de savoir tout le monde heureux.

On ne sait jamais ce qui nous attend. On dit toujours ça sans trop y croire ou en croyant que ça ne peut qu'être lamentable, comme une fuite du toit, un cancer ou des puces sur le chien. Ou les trois. On ne sait pas ce qui se trouve sur notre route derrière la prochaine courbe. Et pourtant…, aussi assurément que Mélodine avait pris un express pour le Canada, que la minute M avait sonné, le *fun* débarquait chez moi. Alain était revenu. J'admirais sa vie, son humour, son charme d'acteur. Pendant plusieurs années, il m'avait rapprochée du bonheur, il revenait et, cette fois, j'allais l'attraper à deux mains.

La vie était revenue. La mienne, celle de quelqu'un d'autre, ou celle de quelqu'un d'autre en attendant le retour de la mienne.

La mort, Martin et moi

En avion, lorsqu'on traverse une zone de turbulences, même petite, mes oreilles se bouchent. Longtemps après que mes bagages sont défaits, je finis par entendre un « pop! » qui m'indique la fin du voyage.

Jusqu'à ce moment, rien n'est clair.

Presque une année s'était écoulée depuis le début des turbulences et je ne ressentais pas grand-chose, toujours pas bien, curieusement anesthésiée. Par peur de retourner à ma souffrance, par peur de trahir Mélodine une seconde fois, par peur d'être folle ou de céder à la mort, j'existais sur la pointe des pieds.

La vie ne revenait pas.

Puis, un matin gris de décembre, Mélodine s'est levée de bonne humeur. Comme ça, en regardant un catalogue de jouets, à l'approche de Noël, qu'elle ne comprenait pas encore tout à fait, elle s'est mise à sangloter. Elle s'est arrêtée, m'a regardée avec ses grands yeux noirs sans fond, me fixant sans fin comme si ses pupilles devaient s'arrimer aux miennes. Je me suis rivetée à son regard et j'ai reçu sa tristesse. J'ai pensé à la tache originelle, cette chose de Dieu que je n'avais jamais comprise. J'ai pensé à la peine de naître, à la douleur de vivre, j'ai vu qu'on peut n'avoir rien fait et charrier tout le mal-être du monde dans ses petites billes noires. J'ai pensé que la religion, qui, pour moi, n'avait jamais voulu rien dire, avait eu, en «péché originel», un éclair signifiant ; dès l'origine, il y avait une faute.

Ça ne pouvait pas être mon enfant qui l'avait commise, pourtant elle devait l'expier.

J'ai pleuré pour elle, soufflée par l'injustice. Elle m'a doucement touché la joue en pleurant, s'est blottie contre moi. Je lui ai dit à l'oreille qu'il n'y avait rien d'autre que les larmes pour laver la peine. Je lui ai dit qu'elle devrait apprendre, comme elle apprendrait à lire, à s'habiller ou à manger avec des ustensiles, qu'elle devrait apprendre à vivre avec la tristesse. Qu'on ne savait pas toujours pourquoi la peine venait, mais qu'elle venait, comme la joie vient aussi.

Ce matin-là, elle a pleuré au même moment que Martin se suicidait. Mon ange de la rénovation s'était cassé les ailes.

Comme on se réveille après avoir été distrait sur la route pour être passé à un cheveu d'emboutir la voiture devant, j'ai eu en plein visage ce que j'avais failli faire. Si je l'avais précédé, je suis certaine que Martin ne serait pas mort, soudainement effrayé par le précipice et conscient du non-retour. Je savais avec ma tête qu'il avait cessé de souffrir, qu'il était soulagé. Je savais qu'il n'avait plus à se demander quel était son choix ou juste s'il y en avait un. Il n'avait plus besoin de rien et c'était en soi un état que je lui enviais.

Peut-être que les vieux abonnés ou les ratés du suicide sont moins tolérants envers la mort, comme les ex-fumeurs envers la cigarette. Peut-être que de suspendre une action donne une autre perspective. Ma tête cautionnait son geste, mon cœur le désavouait.

Il m'avait menti. Il m'avait demandé de prendre soin de moi et lui ne l'avait pas fait. J'étais allée à l'asile, il savait que je pouvais accueillir sa détresse. Il n'était pas venu manger de sandwichs au fromage assis sur mon aspirateur. J'étais en colère.

Le «pop!» est venu. Je me suis mise à ressentir les choses, pleinement, violemment.

J'ai vu son amoureuse souffrir. J'ai vu ses enfants souffrir, sa famille, ses amis. Comme une explosion nucléaire, sa mort nous a irradiés, tout son entourage et moi. C'était une puissante réaction en chaîne qui a engendré du mal et n'a laissé qu'un immense cratère entouré des ruines de nos cœurs.

Comme un ronfleur qui sort d'un épisode d'apnée du sommeil, j'ai repris mon souffle. La déflagration m'a expulsée de ma torpeur, je ne pouvais plus ignorer mes monstres et vivre en sourdine.

Je ne peux pas disposer de ma vie.

Pas parce qu'elle m'est prêtée par une quelconque divinité. Si la quelconque divinité peut permettre la souffrance comme celle que Martin a endurée avant de se rompre, qu'elle aille chier, la divinité.

Pas parce que j'ai une enfant. Peut-être qu'elle survivrait à la peine, peut-être qu'elle serait plus forte, peut-être qu'elle en serait meurtrie. Comme elle aurait survécu, serait devenue plus forte ou aurait été meurtrie de mon héritage de mère, même vivante.

Pas parce que mon désespoir ne reviendra plus. Chaque fois que le soleil se lève, il se recouche. La vie a son rythme, elle se balance entre le beau et le laid, le bien le mal, le bonheur qui semble passer vite et le malheur qui s'éternise. Même si le temps a toujours la même durée.

Pas parce que je serai aidée. Je serai toujours toute seule, même en famille, même avec beaucoup d'amis. L'aide ne viendra jamais que de moi. L'aide ou la décision de ne plus en avoir besoin.

Je ne peux pas me tuer parce que la mort comme solution n'a pas plus de sens que la souffrance qui la propose. La vie est une chaîne qui se tient lorsqu'aucun maillon ne cède. Lorsque personne ne meurt pour des trous au cœur, qui percent d'autres cœurs, qui percent d'autres cœurs. Parce que ma seule chance de bonheur est de m'attacher solidement à cette chaîne, et de ressentir la portée infinie du lien.

Martin aurait dû parler plus fort que son tourment et ne pas attendre les jours meilleurs. Ne pas essayer de «prendre soin de lui», mais crier, crier comme si on lui avait arraché le cœur sans anesthésie, crier pour lever une armée dans son combat contre le chagrin. Il aurait dû hurler, pour qu'on entende aussi fort que lui le mal tonitruant qui tempêtait dans son corps. Gueuler, pour alerter les maillons plus solides et pour que la vie des autres serve à le reposer, un moment. Pour qu'il ne s'épuise pas seul à chercher son équilibre.

Mais peut-être qu'il a eu raison de ne rien faire de cela. Peut-être que ce ne sont que des gestes de résistance et que le maître de tous les gestes de résistance est celui qu'il a posé, le suicide.

Alors.

Peut-être que je devrais m'abandonner, consciemment, vivante. Peut-être que je devrais pardonner, aux autres et à moi d'abord. Peut-être que je devrais accepter. Peut-être que je devrais oser tous les mots que je ne me suis pas permis de dire, debout au grand vent malgré les cailloux sur le chemin et les petits œufs fragiles dans mes bras.

La peine que j'ai, celle que je porte depuis toujours, ne s'en ira jamais. Ma fille non plus. L'équation est simple, ou je transcende mon mal ou je le transmets. Ou je souffre ou je vis.

Je vivrai, Martin.

Elle

Mélodine est devenue ma fille plusieurs mois après son arrivée. Je suis longue à comprendre les choses et l'attachement avait aussi germé lentement. Peut-être parce que mon cœur était sec, peut-être parce que le terreau était mal préparé, certainement pas parce que la graine était mauvaise.

Par pudeur, par fidélité, par amour, je ne parlerai plus d'elle. Je pouvais parler d'une étrangère, du bouleversement dans ma vie. Je ne peux pas parler de ma fille. C'est son histoire et ce n'est pas à moi de la raconter. Je ne mettrai pas de photo d'elle sur Facebook. Elle n'est ni un trophée ni un objet, encore moins une chose que je possède. Elle est maintenant un autre pays et j'apprends à approcher ses frontières.

Ce que je peux dire d'elle, c'est que je n'achèterai plus de billets de loterie, que c'est inutile, j'ai déjà tout gagné. Je peux dire que la résilience est une puce et que Mélodine est une géante. Qu'elle est mature, que son histoire lui a donné une longueur d'avance sur les autres enfants, qu'elle a compris l'empathie avec ce qui l'a formée. Que ses traits sont beaux, mais que le spectaculaire se trouve dans son regard. Elle a de la répartie, elle est comique. Elle chante tout le temps, elle chante sa vie, comme si elle vivait sur une scène, et la finale est souvent un grand éclat de rire. Elle était *streetwise* en arrivant, elle l'est encore. Elle connaît le danger, le reconnaît et le respecte. Elle n'a peur de rien. Pas peur de la terre qui tremble, pas peur de manger des huîtres crues, pas peur des manèges, pas peur que je m'en aille. Pas peur des autres. Elle a une assurance étonnante. Elle a un sens étrange des choses qui arrivent. Elle sait quand le chat est à la porte. Je peux dire qu'elle est élevée par un vieux modèle et qu'elle connaît le vouvoiement, la politesse et l'attention aux autres. Qu'elle est grande, effilée, musclée. Ses mains longues présagent une silhouette élancée et une perte majeure si elle ne veut pas jouer du piano.

Elle m'apprend que ma journée préférée, c'est aujourd'hui, et que mon moment préféré, c'est maintenant. Elle m'apprend à aimer cette vie parce que c'est celle que j'ai, et elle arrive à aimer la sienne qui, pourtant, ne lui a pas été offerte emballée avec des brillants roses. Chacune de ses petites cellules qui poussent en beauté me rappelle ma chance et, oui, m'oblige à être meilleure. Quand on a un diamant, on ne le taille pas en cabochon.

J'ai pris un risque, Mélodine est une boîte à surprise. Je ne sais pas ce qu'elle deviendra, je n'ai aucun indice. Je sais cependant que nous serons capables de tout, capables d'affronter d'autres tempêtes, capables de parler de la peine, même quand rien ne pourra en être dit et que nous n'aurons qu'à la laisser venir. Nous serons capables de tout, nous avons déjà, corps par-dessus corps, survécu à son abandon et à ma mort.

Et aussi, et surtout.

Elle m'apprend à entendre des mots comme « je te trouve belle » ou « je t'aime ». Des mots qui n'avaient jamais dépassé ma tête parce que je ne les croyais pas pour moi. Comment douter d'elle, du sens qu'elle leur donne. Comment douter qu'elle ne les dise que pour mon cœur.

Elle m'apprend à dire des mots qui m'ont tou-jours brûlé la bouche. Des mots comme « je t'aime » ou « tu me rends heureuse ». Des mots de bonheur, les seuls mots qui me rendent pudique. Des mots que je ne voulais pas faire miens, de peur qu'ils me soient enlevés.

Elle change tout.

Je tiens à dire

MERCI Renée, Daniel, Martin, Jocelyne, Jean-Marc, Michel, Stéphane et Marie-Lynn. Sans vous, je n'aurais pas de filet de sécurité et pas envie de faire du cirque.

MERCI José et Katherine, mes amis qui ne sont vraiment pas de la cochonnerie.

MERCI Geneviève. Pour tout, pour le chat aussi.

MERCI Alice, d'être et de rester.

MERCI Éric, lorsque tu commences tes phrases par « ma pauvre toé », je sens qu'on est deux et sans toi, parfois, je ne serais pas une.

MERCI Francine, ma dynamo. Qui m'inspire et éclaire toutes mes pièces quand il fait sombre.

MERCI mes parents. Pour le bien, et même le mal, qui m'a « bâtie ».

MERCI Alain. Pour ce que tu étais avant que je te déteste de nous avoir tant enlevé. Pour ce que tu donnes à Mélodine, malgré tout.

MERCI ceux qui, près de moi, dansent, enfilent des costumes laids, font des blagues de mauvais goût, et les rient. Qui ne font pas la différence entre gai, Noir, fille, beau ni vieux. Vous me faites vivre.

MERCI Willy. Personne ne pourrait croire tout ce que tu m'as donné parce que tu n'étais qu'un chien, mais moi, je le sais.

Table